의회민주주의의
남태평양적 변용

피지와 바누아투의 사례

의회민주주의의
남태평양적 변용

피지와 바누아투의 사례

김웅진 · 김면회 · 김지희

김형기 · 안승국 · 홍재우 　지음

한국학술정보㈜

이 책은 2009년도 정부재원(교육과학기술부 인문사회연구역량강화 사업비)으로
한국연구재단의 지원을 받아 연구되었음(NRF-2009-332-B00006).

::머리말

이 책은 한국연구재단의 지원을 받아 수행된 연구프로젝트 「의회민주주의의 남태평양적 변용: 피지와 바누아투의 사례」의 성과를 묶은 것이다. 2009년 7월부터 2010년 6월까지 1년간 지속된 연구에 참여한 사람들은 아래와 같다.

- 연구책임자: 김웅진(한국외국어대학교 정치외교학과)
- 공동연구원: 김면회(한국외국어대학교 정치외교학과), 홍재우(인제대학교 정치외교학과)
- 전임연구원: 안승국(비교민주주의연구센터), 김지희(비교민주주의연구센터), 김형기(비교민주주의연구센터)

연구의 동기는 이 머리글을 쓴 김웅진의 피지^{Fiji} 체류경험에서 비롯되었다. 김웅진은 2008년 10월 피지의 수도 수바^{Suva}에 위치한 사우스퍼시픽 대학교^{University of the South Pacific} 사회과학부에서 4주간 연구와 특강을 수행한 바 있다. 비록 짧은 기간이었지만, 피지 체류는 글쓴이에게 적지 않은 학문적 충격을 주었다. 피지는 결코 병존할 수 없다고 여겨지는 현대민주주의 정치기제와 족장^{族長}의 전통적 패권이 효율적으로 용융^{熔融}되어 있는 나라, 극심한 인종갈등과 연속적 군사정변으로 인해 "쿠데타의 땅^{Coup coup land}"으로 불리는 불안정한 나라이다. 그러나 피지는 또 한편으로 찬란한 일곱 가지 색 바다로 둘러싸인 남태평양의 아름답고 조용한 휴양지로서 우리에게 다가온다. 이처럼 두 개의 상반된 얼굴을 가진 나라, 혼돈의 섬이자 동시에 정적의 섬인 피지의 정치적 역동은 기존 비교민주주의 연구가 기반을 두고 있는 이론적 전제와 가정을 정면으로 부인한다. 우리의 연구는 피지와 같은 예외적 사례, 일탈사례$^{Deviant\ case}$에 대한 집중적 분석을 통해 현대 비교민주주의 연구가 함몰되어 있는 구미^{歐美} 편향적 시각을 극복하는 데 목적을 두었다. 연구사례로서는 피지와 더불어 언어적 분절과 정치적 분절이 맞물려 있는 또 하나의 남태평양 도서국가 바누아투^{Vanuatu}를 선정했다.

이 기회를 통해 공공비상조치가 발동된 억압적 정치적 상황에도 불구하고 민감한 정치적 사안에 대한 현지 심층면담을 허락해주신 사우스퍼시픽 대학교 교수들, 특히 알루미타 두루탈로$^{Alumita\ Durutalo}$, 비제이 나이두$^{Vijay\ Naidu}$, 산드라 타트$^{Sandra\ Tarte}$, 모건 투이말레알리파노$^{Morgan\ Tuimaleali'ifano}$ 교수에게 깊은 사의를 표한다. 아울러 연구결과를 책으로 만들어주신 한국학술정보(주), 편집과정에서 큰 도움을 준 한국외국어대학교 대학원 정치외교학과 박사과정 이서영, 학부생 윤재민과 조하림에게도 고마움을 전한다.

2012년 4월

연구진을 대표하여 김웅진

---

* 본문 전체에 걸쳐 피지어 및 바누아투어는 인명과 지명을 제외하고 모두 이탤릭체로 표기했다. 피지어와 바누아투어는 고유발음을 영어자모로 표기하는 방식$^{English\ transliteration}$을 택하고 있으며, 피지어의 몇 가지 특징적인 발음표기 방식을 소개하면 다음과 같다.
① b=[mb], ② c=[ð], ③ d=[nd], ④ g=[ɦ], ⑤ j=[x], ⑥ q=[ɦg], ⑦ v=[ß], ⑧ y=[j]

목차

· · · · · · · · ·

서론
의회민주주의의 남태평양적 변용

· · · · · · · · ·

김웅진*

오늘날까지 진행된 비교
민주주의 연구는 이른바 '주요국가'들을 대상으로 한 확증형 연구
Confirmatory analysis의 성격을 벗어나지 못했으며, 그에 따라 기존 분석모형
의 선험적 전제를 성화聖化하는 결과를 야기했다고 볼 수 있다. 가장 바
람직하고도 효율적인 민주주의 체제는 구미歐美의 역사 사회적 역동을
통해 조형화·구조화된 체제라는 전제가 보편적으로 수용되고 있는 이
유는 무엇인가?

그러나 피지Fiji, 바누아투Vanuatu와 같은 남태평양 도서국가들, 즉 학문
적 관심으로부터 배제된 '멀리 떨어진 국가Remote countries'들이 유지하고
있는 족장민주주의 체제Chiefdom democracy는 구미형 의회민주주의 체제와
본질적 차이를 지니고 있음에도 운영 및 관리에 있어서 상당한 효율성
을 표출하고 있다는 점에 주목할 필요가 있다. 예로서 피지의 인종투표
Communal voting는 정치적 대표성의 구미적 관념과 극단적으로 배치되는

것이지만 그 근간이 안정적으로 유지되고 있다. 또 구미적 시각에서 볼 때 지극히 봉건적 정치기제인 피지의 족장대평의회$^{Bose\ Levu\ Vakaturaga}$1나 바누아투의 국가족장위원회$^{Malvatu\ Mauri}$2가 발휘해온 절대권력에 대해 적극적으로 저항한 피지인과 바누아투인은 거의 없다. 이처럼 민주주의 기제의 지역적 변용은 다양한 양상을 표출하고 있으나, '잘 알려진 국가들'을 대상으로 한 반복적인 확증형 연구는 연구의 시간적 구획을 대폭 확장한다 할지라도 이러한 변용양상을 결코 추적할 수 없다.

요컨대 '족장민주주의'라는 용어 자체가 함의하고 있는 이율배반적 성격은 현대민주주의 기제가 원시적 권력구조 속에서도 비교적 원활하게 작동할 수 있다는 사실을 보여준다. 다시 말해서 수세기에 걸친 고립과 격리를 통해 안정화된 원시적 권력위계와 현대민주주의 기제 간의 상보성을 표출하는 남태평양 국가들은 비교민주주의 연구에 동원되는 기존 패러다임의 세계관(민주주의관)과 기본전제가 지닌 공간적 적용한계를 지적해주고 있다. 이 책에 수록된 글들은 바로 그러한 한계를 경험적 현지조사와 그에 입각한 지역적 일반화(남태평양적 일반화)를 통해 부각시키려는 탐색형 연구$^{Explorative\ research}$로서의 의미를 갖는다. 바꾸어 말해서 이 책의 목표는 기존 비교민주주의 연구의 분석모형, 특히 체제안정모형의 재조정을 지향한 일탈사례^{Anomalies}의 제시와 집중적 사례분석이라고 말할 수 있다.

이 책에 수록된 5편의 연구가 지닌 학문적·실천적 함의는 아래와 같이 제시될 수 있다. 우선 피지와 바누아투는 앞서 언급한 바와 같이 양

---

* 프로젝트 연구책임자, 한국외국어대학교 정치외교학과 교수.

1 피지어(바우 피지언, *Bau* Fijian) 발음으로는 '보세 레부 바까뚜랑아', 영문표기는 Great Council of Chiefs.

2 바누아투어(비슬라마, Bislama) 발음으로는 '말바뚜 마우리', 영문표기는 National Council of Chiefs.

립 불가능한 것으로 여겨지는 구미형 의회민주주의 기제와 전통적 족장 패권이 효율적으로 융합된 일탈사례로서, 이들에 대한 연구는 기존 비교민주주의 연구에 적용된 분석모형의 공간적 재구축$^{Spatial\ reconstruction}$을 지향한 임상사례연구$^{Clinical\ case\ study}$로서의 의미를 지닌다. 특히 이들을 포함한 남태평양 도서국가들은 정치사회구조의 식민 후 재편성$^{Post-colonial\ rearrangement}$이 표출하는 회귀역동$^{Dynamics\ of\ regression}$의 추적에 있어서 대단히 적절한 사례가 될 수 있다(Lawson 1996, viii-ix).

식민통치를 경험한 국가에서 표출되는 정치적 회귀역동은 전통적 권력구조로의 전면복귀, 대립적 가치관과 행위양식의 병존에 근거한 모자이크형 복합문화정치$^{Politics\ of\ cultural\ mosaic}$의 출현, 정치기제와 행위양식의 (서구적) 변용 등 다양한 스펙트럼을 가진 결과를 초래한다. 피지와 바누아투는 영국과 프랑스의 식민통치 전략에 따른 대립적(구미적-토착적) 정치경제질서의 의도적 병치가 독립 후 '족장민주주의'라는 독특한 정치기제를 야기한 변용의 대표적 사례로서, 기존 비교민주주의 연구가 전제로 하고 있는 '근대성의 포섭'이나 '전통의 점진적 함몰'을 벗어나는 지극히 예외적인 국가라고 말할 수 있다(김웅진 2010, 263).

또한 본 연구는 엄밀한 의미에 있어서의 '지역성'이 보장된 지역연구(남태평양 지역연구)를 지향하고 있다는 점에서 상당한 이론적·방법론적 의미를 갖는다. 비교민주주의 연구의 맥락에서 지금까지 진행되어온 대부분의 지역연구들은 지역적 고유성을 설명변인 또는 성립선행조건으로 상정해왔다. 그러나 이러한 지역성들은 광범위한 교차사례적 비교가능성을 확보하기 위해 구축된 등가지표$^{Equivalent\ measures}$나 혹은 동일지표$^{Identical\ measures}$의 값이 일정 구간 내에서 표출하는 변이양상이거나 서구화와 세계화의 과정에서 변질된 속성이었던 것이 사실이다. 즉, 이들은 유적^{類的} 차별성$^{Qualitative/categorical\ attribute}$이라기보다는 일반화된 계량 통계적 속성이 나타내는 상대심도 내지 본질을 대부분 상실한 혼성^{混性}에 불과했다고 볼 수 있다. 이에 따라 기존의 지역연구모형, 특히 비^{非}서구 지역에 관한 분석모형들은 엄밀한 의미에 있어서의 지역모형이라기보다는 '지역적으로 재조정된 일반모형', 혹은 '공간적으로 확장된 서구모형'의 성격을 탈피하지 못했던 것이다(김웅진·김지희 2002, 252~255; 김웅진 2004).

피지와 바누아투는 지리적 위치로 인한 장기간(약 3,500여 년)의 고립과 그에 따른 토착문화의 안정성과 강력한 흡인력, 그리고 상대적으로 미약한 정치 경제적 실익에서 비롯된 식민통치의 방만성으로 인해 정치 경제적, 사회 문화적 고유성이 거의 변질되지 않고 남아 있는 지역연구의 미답공간이며, 따라서 지역연구의 이론적·방법론적 돌파구를 모색할 수 있는 최적의 여건을 갖추고 있다. 바꾸어 말해서 남태평양 지역은 지리적이자 역사 사회적인 장벽으로 인해 여타 지역에 비해 외래성에 대한 노출효과가 상대적으로 미약한 정치 사회적 반진공^{半眞空} 상태에 놓여 있으며, 따라서 피지와 바누아투의 정치적 역동에 관한 분석모형은 오늘날에 이르기까지 반복적으로 생산되어온 '수정본'을 넘어설 수 있는 지역연구모형, 진정한 지역적 작동변인$^{Operating\ variables}$을 상정한 모형이 될 수 있다는 것이 한국인 정치학자로서는 최초로 현지에서 강의와 연구를 진행한 연구책임자의 경험적 판단이다.

실용적 측면에서도 역시 피지와 바누아투 연구는 상당한 중요성을 갖는다. 과거 한국의 원양어업기지였던 피지는 1970년 공식적 외교관계가 수립된 이래 우리 남태평양 외교의 중심축이 되어 왔으며,[3] 일부 대기업이 적극적으로 시장개척을 모색하고 있는 전략적 교역대상이다. 또한 대한항공이 직항함에 따라 현지를 방문하는 한국인 관광객과 영어연수

---

3 수도 수바Suva에 한국대사관 주재.

생의 수가 급증하고 있으나, 지금까지 피지의 정치경제·사회문화에 관한 실질적 정보를 제공할 수 있는 국내 연구는 전혀 이루어지지 않았다. 반면 일본은 미래의 전략산업으로 부상하고 있는 해양산업의 기반을 조성하기 위해 피지와의 연구협력을 강화하고 대규모 시설투자를 적극적으로 추진해왔으며, 피지 최대의 대학이자 남태평양 12개국 연합대학인 사우스퍼시픽 대학교University of the South Pacific에 해양대학을 건설하여 기증한 바 있다. 바누아투 역시 1980년 한국과 외교관계가 수립된 이래 양국 간 교역액이 점진적으로 증가되었고,[4] 해외자본을 적극적으로 유치하기 위한 국가발전전략을 채택하고 있음에 따라 한국의 남태평양 진출을 위한 교두보가 될 수 있는 충분한 잠재성을 갖고 있다. 요컨대 양국은 학문적이자 실용적인 측면에 있어서 공히 '미답지역'으로서의 의미를 갖고 있다.

이 책에 수록된 연구결과를 순서대로 요약·소개해보면 아래와 같다. 우선 **제1장 "피지와 바누아투의 정치적 분절: 종족정치와 언어정치"**(김웅진·김지희)에 따르면, 오늘날 피지와 바누아투의 의회민주주의 체제가 노정하고 있는 변용성은 식민시대에 구축된 토착패권의 배열구도에 기인한 것이다. 즉, 원주민과 인도피지언Indo-Fijian 간의 갈등을 원주민의 우위를 보장하는 방식으로 제어하기 위한 종족별 의석배분방식과 종족투표제 등 피지 의회민주주의 정치의 기제적 변용(종족정치)은 "피지인의 지상권Paramountcy of Fijian interests"이라는 명제하에 영국 식민당국이 추진한 토착패권의 적극적 재편성으로부터 비롯된 역사적 유산이다. 또한 영어계Anglophone-불어계Francophone 정치세력 간의 극심한 대립과 각 세력의 내분에서 야기된 바누아투의 심각한 의회분절(언어정치) 역시 영국·프

---

4 2007년 교역액 3,572,000달러.

랑스 공동식민체제의 불안정한 이중구조와 민간인이 주도한 토착사회 개편작업에 대한 식민당국의 방관에 역사적 근원을 두고 있다. 요컨대 피지와 바누아투의 정치적 역동은 현대 의회민주주의 정치기제와 원시적 패권의 융합을 보여주는 흥미로운 임상사례로서, 지역적으로 격리된 비서구사회의 토착정치질서에 대한 민주주의 기제의 포섭력을 추적하기 위한 탐색형 연구의 시발점이 될 수 있다는 것이다.

다음으로 **제2장 "전통적 정치질서의 제도적 수용: 피지와 바누아투의 현대정치"**(김면회)에 따르면, 제3세계에 있어서 정치질서의 형성과정은 외부에서 침투한 근대적 질서에 의한 전통의 완전한 해체 또는 대체라기보다 내재적 전통과 외삽적 근대가 융합하는 방식으로 진행되었다. 필자 김면회는 이러한 맥락에서 제3세계 국가의 정치질서를 파악하기 위해서는 이들이 근대적 세계질서로 편입되는 역사적 전개과정과 맥락에 대한 추적이 선행되어야 한다고 주장하면서, 원주민-인도피지언 간의 갈등과 대립에 따른 피지의 인종정치, 그리고 언어권의 대립으로 인한 바누아투의 정치적 분절은 모두 19세기 말 본격화된 영국과 프랑스의 식민통치의 유산으로서 식민통치방식이 현대정치질서의 성격을 규정하는 데 결정적인 영향을 미쳤음을 확인시켜주는 사례라고 본다. 즉, 피지와 바누아투에서는 식민시기에 이미 영국과 프랑스의 정치적 의도에 따라 주민들 간의 대립적인 균열구조가 형성되었고, 이러한 갈등구조가 독립 후에도 존속되어 '부족민주주의'라는 독특한 현대정치질서를 구성하고 있다는 것이다.

피지에 있어서 선거제도의 정치적 효과를 역사적으로 추적한 **제3장 "피지의 정당분절과 선거공학의 연대기"**(홍재우)는 선거제도의 변화와 그에 따른 정당질서의 재편과정 속에서 피지의 의회민주주의 체제가 당면해온 정치적 과제에 초점을 맞추고 있다. 필자는 피지에 있어서 선거제도를 통한 다인종 민주주의의 정착시도가 실패했다고 보고 있다. 즉, 일단 종족분할에 기반을 둔 공존방법을 모색하기 위해 협의제 민주주의를 도입했고, 이후에는 구심력적 정치를 추구하는 중도적 정치체제를 구상했으나 모두 성공하지 못했다는 것이다. 필자에 따르면 이러한 제도적 구상이 실패한 이유는 개인의 정치·사회·경제적 정체성이 모두 종족성으로 회귀하는 현상을 제어하지 못한 데 놓여 있다. 다시 말해서 원주민 족장의 패권구도를 중심으로 구축된 형식적 민주주의 체제는 종족정치의 내적 모순을 야기했고, 식민시대 이래 지속된 인도계와 피지계의 분할구도, 그리고 이를 치유하지 못한 제도적 실패가 종족정치의 외적 갈등을 조성했다는 것이다. 이러한 종족정치의 내외적 모순으로 인해 피지 민주주의 체제가 "수행정지" 상태에 빠졌다는 것이 이 글의 결론이다.

제4장 **"파라다이스의 뒷모습: 피지 쿠데타의 역사와 원인"**(김형기)은 피지 군부의 역사적 형성과정으로부터 쿠데타의 반복적 발생구조를 도출하려 시도하고 있다. 필자에 따르면, 피지 군부는 제1·2차 세계대전 시기 연합군의 일원으로 참여하려는 족장 계급의 적극적인 노력의 과정 속에서 성장했다. 이 때문에 독립 이후에도 피지군은 주변의 안보위협이 전혀 없음에도 불구하고 강력한 군을 유지할 수 있었다. 피지 군부는 규모와 장비 면에서 세계에서 가장 작은 여단급에 불과하나 수차의 해외파병을 통해 국제적 명성과 피지인의 국가의식을 고취하는 두 가지 소득을 얻었다. 또한 파병에 의한 국내송금은 피지의 주요한 경제소득이 되고 있다. 피지군은 1987년 두 차례 쿠데타에서 철저하게 원주민의 당파적 이익을 대변하는 세력으로 부상했으나, 2000년 민간 쿠데타 진정과정과 2006년 군부 쿠데타에서는 오히려 다민족적 정책을 지지하기도 하였다. 피지군이 가진 독특한 특징으로 인해 독립 이후 군은 '균형자' 또는 '중재자'로 정치 중심에 등장할 수 있었다는 것이 필자의 결론이다.

제5장 "피지정치의 권력배열구도: 역사 문화적 배경에 관한 현지학자들의 견해"(김지희)는 피지정치의 권력배열구도를 조성한 역사 문화적 배경에 관한 피지학자들의 견해를 정리한 보고서이다. 즉, 7명의 사우스퍼시픽 대학교 소속 학자들과의 현지 원탁회의를 통해 획득한 '현장견해'를 지도자에 대한 무조건적 추종을 특징으로 하는 정치문화, 원주민-인도피지언 간의 인종적 대결구도에 있어서 영합게임$^{zero-sum\ game}$을 야기한 종파주의의 근원과 전개양상, 그리고 군사쿠데타의 발생과 군부의 정치적 영향력이라는 맥락에서 요약하고 있다.

마지막으로 **"결론: 정치 사회적 분절구조와 정치제도의 변화"**(안승국)는 피지와 바누아투가 종족적·언어적 분절을 극복하기 위해 채택할 수 있는 대안적 정치체제를 제시하고 있다. 필자는 종족대표성을 인정하고 있는 피지의 현 상황을 고려할 때 협의제 민주주의 체제가 가장 적합하다고 주장한다. 즉, 종족정치의 성격을 약화시키는 구심주의적 체제도 바람직하나, 다종족정당 또는 탈종족정당의 형성이 단기간에 이루어지기 어렵기 때문에 종족협력을 강화시킬 수 있는 대안이 더 현실적이라는 것이다. 그러나 현재와 같이 종족투표를 유지하면서 헌법조항을 통한 연립정부의 구성을 추구하기보다는 비례대표제의 도입 등 선거제도의 개혁을 통해 보다 확고하게 협의주의를 구축해야 한다고 제안한다. 필자는 바누아투 역시 협의제를 지향해야 한다고 본다. 의회분절도가 매우 높아 승자독식형 단일정당정부의 구성가능성이 거의 없기 때문에 협의제가 보다 적합하다는 것이다. 또한 피지와 달리 종족투표를 실시하지 않고 있기 때문에 협의제를 도입한다 하더라도 제도전환의 후유증을 최소화할 수 있고, 협의체 자체가 군소정당의 거부권을 보장하기 때문에 민주주의를 더욱 확대시킬 수 있으리라 전망한다.

제1장
피지와 바누아투의 정치적 분절: 종족정치와 언어정치[*]

김웅진[**] · 김지희[***]

1. 서론

식민통치로부터 독립한 군소국가에 있어서 권력배열의 기제적 양상은 토착정치질서의 재편성을 시도했던 식민당국의 통치전략을 반영한다. 1960년대 이후 식민통치를 벗어난 남태평양 도서국가의 경우도 예외는 아니다. 즉, 바누아투[Vanuatu] · 사모아[Samoa] · 솔로몬 제도[Solomon Islands] · 피지[Fiji] · 투발루[Tuvalu] · 파푸아 뉴기니[Papua New Guinea] · 쿡 제도[Cook Islands] 등 남태평양 소국들은 거의 대부분 의회민주주의 체제를 채택하고 있으나,[1] 정치기제의 운영과정은 식민통치의 성격과 고유한 역사 문화적 배경에 따라 다양한 변용양상을

* 『세계지역연구논총』 28집 3호(2010)에 게재된 김웅진의 논문 「남태평양에 있어서 식민 후 권력배열 재편성: 피지의 '종족정치'와 바누아투의 '언어정치'」를 김지희가 이 책의 구성에 맞추어 수정한 것임.
** 프로젝트 연구책임자, 한국외국어대학교 정치외교학과 교수.
*** 프로젝트 전임연구원, 선임연구원.
1 이들 외에 통아(통가, Tonga)는 입헌군주제를, 키리바시(Kiribati), 팔라우(Palau), 나우루(Nauru)는 대통령제를 채택하고 있음.

표출하고 있다. 특히 이들의 의회민주주의 기제는 토착패권질서와 식민통치의 후광효과를 동시에 포섭하고 있는 전형적 일탈사례에 해당된다. 예로서 라뚜^{Ratu}, 즉 원주민 수뇌족장의 패권을 근간으로 한 권력배열구도 속에서 원주민과 인도피지언$^{Indo-Fijian}$의 극단적 대립으로 표출되는 피지의 종족정치$^{Ethnic\ politics}$, 그리고 영어계^{Anglophone} 정당-불어계^{Francophone} 정당의 경쟁구도 속에서 전개되고 있는 바누아투의 언어정치$^{lingual\ politics}$는 모두 토착패권질서를 식민체제로 편입시키기 위해 영국 식민정부(피지)와 영국-프랑스 공동식민체제[2](바누아투)가 채택한 통치전략의 유산이라고 볼 수 있다.

이러한 의회민주주의의 남태평양적 변용은 민주주의 체제의 역동에 관한 비교 역사적 담론과 경험 과학적 비교분석에 있어서 모두 상당한 이론적·방법론적 함의를 갖는다. 피지와 바누아투의 수뇌족장들이 오늘날 의회정치의 장에서도 과거와 같이 강력한 패권을 행사하게 된 역사 문화적 배경은 무엇인가? 정치적 대표성의 통상적 관념과 극단적으로 배치되는 피지의 종족투표제$^{Communal\ voting}$가 효율적으로 작동하고 있는 이유는 무엇인가? 피지의 고질적 "쿠데타 문화$^{Coup\ culture}$(Tarte 2008, 108)"와 바누아투 의회정치의 심각한 언어 문화적 분절은 어디로부터 연원한 것인가? 이러한 의문에 대한 답을 찾기 위해 식민통치구도-식민후 권력배열구도의 연계에 따른 의회민주주의 체제의 변용의 근원을 토착패권에 대한 식민당국의 포섭전략과 그 파급효과를 중심으로 탐색해보기로 한다.

---

2 British—French Condominium.

2. 피지: 종족갈등의 제도적 포섭

(1) 족장헤게모니의 역사적 배경과 식민통치기제로의 유인

족장의 절대적 패권에 입각한 피지의 토착정치질서는 장기간에 걸친 고립의 소산이다. 즉, 약 5만 년 전에 시작된 "남태평양의 대이동"[3]에 따라 기원전 15세기경 오늘날 피지도서공화국$^{Republic\ of\ the\ Fiji\ Islands}$으로 불리는 동남태평양 도서군群에 형성된 멜라네시언^{Melanesians}의 원시사회들은 17세기 중엽 타즈만$^{Abel\ J.\ Tasman}$(1603~1659), 쿡$^{James\ Cook}$(1728~1779)과 같은 해양탐험가들에 의해 발견되고, 뒤이어 18세기 초엽 백단^{Sandalwood}[4]이나 해삼$^{Bêche-de-mer}$[5] 등 희귀품목을 얻기 위해 찾아온 소수의 유럽인 무역상, 기독교 선교사, 비치코머^{Beachcombers}[6]들과 조우하기까지 외부세계로부터 완벽한 격리상태에 놓여 있었다.[7] 이처럼 장기간의 고립을 통해 확보된 토착정치질서의 강고성은 최초의 사회조직, 예컨대 마땅갈리^{Mataqali}(씨족)나 야부사^{Yavusa}(부족)[8]와 같은 원시적 형태의 족장중심 사회체제가 1860년대에 유럽인의 대거 유입을 초래한 피지러시$^{Great\ Fiji\ Rush}$[9]의 충격 속에서도 거의 변화되지 않고 유지되도록 만들었다.

---

3 약 5만 년 전부터 3천5백 년 전까지 인도네시아 동부와 필리핀 남부 원주민들이 동남태평양으로 진출한 현상. 김웅진(2009), 25~30 참조.

4 바누아투, 피지 등에서 자라는 향나무로서 중국과 인도를 포함한 아시아 전역에서 향료, 의례용품 또는 약재로 사용됨.

5 당시 아시아에서 별미(別味)로 여겨져 고가에 매매된 바다달팽이.

6 난파선 선원. 엄격한 규율을 피해 선박으로부터 탈출한 선원. 오스트레일리아 뉴사우스웨일즈(New South Wales)로부터 피신해온 죄수들. 일확천금을 찾아 들어온 건달을 총칭. 원주민사회에 적응하여 유럽문명을 전달하고 원주민-유럽인의 거래에 개입하는 역할을 수행.

7 Donnelly, et al.(1994), 2~6 참조.

8 피지의 토착사회는 가문(*i tokatoka*)-씨족(*mataqali*)-부족(*yavusa*)-지역적 부족연합(*vanua*)-대규모 부족정치연합(*matanitu*)으로 구성되어 있었다. 김웅진(1999), 34 참조.

9 1860년대에 오스트레일리아와 뉴질랜드의 금광에서 재미를 보지 못한 유럽인이 남북전쟁으로 인해 목화생산의 세계적 중심지였던 미국 남부가 몰락하자 목화 플랜테이션을 운영하기에 적합한 기후와 저렴한 땅값에 끌려 피

식민시대에도 강고한 족장중심 위계질서는 이완되지 않았다. 영국 식민당국이 전통적 사회구조와 역동을 보호하는 가운데 족장의 패권을 식민통치의 매개로 포섭하려는 식민전략, 곧 간접통치전략을 채택했기 때문이다(Lal 2006, 2~3). 영국은 이러한 목적을 달성하기 위해 식민통치의 기본기제로 행정위원회$^{Executive\ Council}$와 입법위원회$^{Legislative\ Council}$를 설치하고, 1876년 원주민법$^{Native\ Affairs\ Ordinance}$을 공포하여 족장대평의회와 원주민관리위원회$^{Native\ Regulation\ Board}$ 등 두 개의 총독자문기관을 구성했다. 특히 수뇌족장^{Ratu}10들로 구성된 족장대평의회는 피지 전역에 산개된 부족집단을 대표하는 전국적 조직으로, 후일 피지청$^{Fijian\ Affairs\ Board}$으로 개편된 원주민관리위원회와 함께 원주민을 규제하는 법규제정을 담당함으로써 식민정부의 간접통치를 보조하는 원주민 최고의 권력기관으로 자리 잡았다. 이와 아울러 주^{Province}-군^{District}-읍^{Village}으로 편성된 지방행정조직을 출범시켜 원주민 족장의 전통적 패권을 포섭했다. 즉, 영국인 혹은 여타 유럽인 주지사의 감독하에 지방행정단위를 원주민 하급족장 출신 불리^{Bulli}(군수)와 뚜랑아 니 꼬로$^{Turaga-ni-Koro}$(읍장)가 식민행정관$^{District\ Officer}$과 공동 관리하게 하여 전통적 촌락단위의 사회구조를 식민행정조직으로 흡수하고, 족장의 전통적 패권을 식민관료의 후원하에 제도적으로 재편성했다.

이처럼 토착사회를 식민행정체제 속으로 흡수하는 데 성공한 식민당국은 20세기 초엽 식민통치전략의 재조정을 요구하는 정치적 압력에 직면하게 된다. 1879년으로부터 1916년까지 무려 6만을 상회하는 인도인 계약노동자가 유입되자 식민당국, 이주유럽인, 원주민 족장 간의 후원-수혜 네트워크로 구성된 단순한 정치지형이 붕괴되고, 이에 따라 행정조직

지로 대거 유입한 현상. 김웅진(1999), 62~66 참조.
10 혹은 *Tui*.

만으로는 해결할 수 없는 정치적·경제사회적 사안들이 노정된 것이다.

계약노동제$^{Indenture\ system}$는 초대 총독 고든$^{Arthur\ Gordon}$이 식민 전 피지 왕국$^{Kingdom\ of\ Fiji}$(1871~1874)의 방만한 재정운영이 야기한 경제파탄의 여파를 벗어나기 위해 채택한 경제회생방안이다. 피지왕국은 원주민의 공격과 원주민 간 내전으로부터 자신들을 보호해줄 수 있는 강력한 정부의 필요성을 절감한 유럽인 이주자와 기독교 선교사들이 일부 수뇌족장과의 합의를 통해 1871년에 급조한 피지 최초의 통합국가로서, 유럽인의 후원을 받고 있음에도 불구하고 피지 전역을 장악하지 못했을 뿐아니라 국가경영에 요구되는 국정관리 및 자원동원능력을 전혀 갖추지 못하고 있었다. 특히 미국이 자국 영사저택이 원주민의 방화로 인해 소실된 사건(1849)을 계기로 터무니없는 액수의 보상금을 요구하며 당시 피지왕$^{Tui\ Viti}$을 자처하던 수뇌족장 다콤바우$^{Seru\ Epenisa\ Cakobau}$(1815~1883)에게 압력을 행사하자, 1871년 피지왕국의 국왕으로 등극한 그는 보상금을 대납해주는 대가로 국토를 영국에 이양하겠다는 제안을 할 정도로 국가재정 운영능력을 상실하고 있었다. 기실 남태평양에 있어서 국익과 관련된 주요사안을 발견하지 못하고 있던 영국이 1874년 피지의 식민제안을 마지못해 수용한 것은 오스트레일리아 및 영국의 투자자, 기독교 단체의 적극적 설득과 "블랙버딩^{Blackbirding}", 곧 비인간적 불법노동력 거래[11]에 대한 여론악화 때문이었다고 볼 수 있다.

식민통치가 개시된 후 본국정부의 긴급지원에도 불구하고 경제적 상황이 호전되지 않자 고든 총독은 회생방안으로 플랜테이션 경제체제를 구축하기로 결정하고, 첫 번째 시도로서 1882년 오스트레일리아 식민제당회사(CSR)$^{Australian\ Colonial\ Sugar\ Refining\ Company}$의 제당공장을 유치하는 데

---

11 "검은 새"로 불린 남태평양 도서의 원주민들을 강제로 선박에 태워 유럽인 농장주들에게 팔아넘긴 불법 노동력 거래를 지칭. Donnelly, et al.(1994), 33~36 참조.

성공했다. 그러나 블랙버딩을 방지하기 위한 폴리네시언 노동자법^{Polynesian} Labourers Act(1868)[12]이 피지에 적용되면서 유입되는 외국인 노동자의 수가 급감했으며, 촌락의 급격한 와해로 인한 전통적 생활방식의 붕괴를 우려한 총독이 원주민을 플랜테이션 노동자로 고용하는 것을 극력 반대했기 때문에 노동력을 안정적으로 확보할 수 없었다. 이에 식민정부는 1878년 계약노동제를 도입해 인도인 노동자들을 피지로 받아들이기로 했으며, 인도인이 대거 유입되어 이질적 국민으로 정착함에 따라 피지 사회에 엄청난 정치 경제적, 사회적 파장을 가져왔다.

　　계약노동제의 가장 두드러진 여파는 인도인, 곧 인도피지언의 정치 경제적 부상이다. 계약노동제가 1920년 폐지된 이후에도 계속 피지에 잔류한 인도인의 수는 22,000여 명에 달했으며, 이들은 피지경제의 근간이었던 사탕수수재배(자영농 및 소작농)와 상업에 진출해 원주민을 능가하는 강력한 경제적 블록을 형성했다. 특히 제2차 세계대전을 전후해 사탕수수 가격 결정방식을 둘러싼 인도피지언의 폭력시위와 파업이 계속 발생하자 식민당국은 이들을 식민통치의 경제적 기반을 위협하는 독자적 정치세력으로 인정할 수밖에 없었다. 더구나 가격결정방식을 조정하기 위한 협상과정에서 인도피지언의 정치적 결속이 강화되어 1963년 비티 레부^{Viti Levu}13 섬 북부 사탕수수 농민을 대표하는 국가연맹당 (NFP)^{National Federation Party}이 피지 최초의 정당으로 결성되자, 식민당국이 자처한 정치적 압력, 곧 계약노동제의 기대하지 못했던 정치적 파장이라는 새로운 정치지형 위에서 원주민과 인도피지언의 정치참여를 제도화하는 식민전략을 택하게 되었다.

---

12 1867년 오스트레일리아의 퀸즐랜드 정부(Queensland Government)가 블랙버딩을 근절하기 위해 제정한 법으로서 애당초 퀸즐랜드로 들어오는 선박에만 적용되었으나 점차 적용범위가 확대되었음. 김웅진(2009), 92~94 참조.

13 피지를 구성하고 있는 322개의 도서 가운데 가장 큰 섬. 수도 수바(Suva)를 위시하여 국제공항이 위치한 관광도시 난디(Nadi) 등 주요도시들이 자리 잡고 있음.

새로운 전략은 식민통치의 출범 이래 원주민의 순응과 협조를 동원하기 위해 사용한 슬로건인 "피지인의 지상권Paramountcy of Fijian interests"[14]을 보장한다는 구도 속에서 인도피지언의 정치적 압력을 제도적으로 수용하는 방식을 취했다. 식민통치기제의 주요기제 가운데 하나인 입법위원회의 구성방식을 개정함으로써 원주민과 인도피지언의 정치참여를 허용한 것이다. 이러한 참여의 허용은 애당초 원주민과 인도피지언에게 임명직을 부여하는 것으로부터 시작하여 점차 선출직으로 전환하는 점진적 방식을 따랐고, 원주민의 경우에는 임명직 의원과 선출직 의원의 선정에 있어서 모두 족장대평의회의 영향력을 보장하여 족장의 전통적 패권을 제도화했다(<표 1-1> 참조).

〈표 1-1〉 피지 식민입법위원회의 구성방식(1904~1937)

1904년	• 총독 • 유럽인 당연직 10 • 유럽인 선출직 6[15] • **원주민 임명직 2(족장대평의회 선정)**
1916년	• 총독 • 유럽인 임명직 11 • **인도피지언 임명직 1** • **원주민 임명직 2(족장대평의회 선정)**
1929년	• 총독 • 유럽인 임명직 13 • 유럽인 선출직 6 • **원주민 임명직 3(족장대평의회 선정)** • **인도피지언 선출직 3**
1937년	• 총독 • 당연직 16 • 유럽인 대표 5(선출직 3, 임명직 2) • **원주민 대표 5(족장대평의회 지명)** • **인도피지언 대표 5(선출직 3, 임명직 2)**

출처: Donnelly, et al.(1994), 52~59

---

14 Lal(2006), 3~4.

15 유럽인 선출직 위원은 유럽인 유권자의 투표로 선출했으며, 유권자의 자격은 ① 농업이나 설탕생산에 종사하

1963년에 이르러 장래 피지정치에 지대한 영향을 미친 중대한 변화가 이루어졌다. 입법위원회를 의장, 19명의 당연직 위원과 18명의 비당연직 위원으로 확대하고, 비당연직 가운데 12석의 선출직을 인종에 따라 공평하게 배분한 것이다(원주민, 인도피지언, 유럽인 각 4석).[16] 그러나 가장 획기적인 변화는 여성을 포함한 원주민에게 선거권을 부여했다는 사실이다. 이러한 변화는 제2차 세계대전 이후 신용조합·협동조합·노동조합과 같은 근대적 사회조직에 대한 원주민의 참여 급증, 교육수준의 점진적 상승, 도시화 등 다양한 사회 문화적 요인의 소산이지만, 인종구획에 따른 참여기회의 배분을 제도화했다는 측면에서 독립 전후 종족정치의 기반을 제공했다고 볼 수 있다.

(2) 식민 후 피지의 권력배열 : 갈등구조의 이원화

현재 피지는 2006년 쿠데타로 집권한 바이니마라마[Frank Voreqe Bainimarama] 피지군 총사령관의 임시정부가 2009년 4월 10일 헌법의 효력을 정지하고 공공비상조치[Public Emergency Regulations]를 선포함에 따라 정치활동 전반이 군사정권에 의해 엄격히 통제되고 있다. 그러나 군사정권에 대한 저항은 토착문화의 특징적 국면인 가부장적 공동체의식과 정치지도자를 제외한 인도피지언의 점진적 탈정치화로 인해 미미한 수준이다. 예컨대 비티 레부 섬의 주요도시인 수도 수바[Suva], 싱아토카[Sigatoka]와 난디[Nadi]에서 현지조사(2010.10.18~2010.10.26)를 수행한 필자의 면접기록 가운데 협조기관인 사우스퍼시픽 대학교(USP)[University of the South Pacific, Suva]에서 이루어진 공식

는 유럽인으로, ② 연간 수입이 120파운드를 넘는 자에 한정했다. 김웅진(2009), 108.

16 나머지 6명은 총독이 지명하는 유럽인과 인도피지언 각 2명, 그리고 족장대평의회가 지명하는 원주민 2명. 김웅진(1999), 110.

인터뷰(대학당국이 허가한 인터뷰)의 내용 일부를 소개하면 아래와 같다.[17]

● 피지인(원주민)에게 있어서 정치의 의미:

"아버지가 가족을 돌보는 것과 같음"

[Alumita Durutalo 교수, School of Government, Development and International Affairs, USP: 피지 원주민]

● 피지정치의 핵심세력:

"군부, 교회와 족장들. 피지사회는 본질적으로 지도자에 의해 획일적으로 동원되는 Leader-driven 사회"

[Morgan Tuimaleali'ifano 교수, School of Social Sciences, USP: 피지 원주민]

"족장들의 정치-행정-군사적 연합"

[Sandra Tarte 교수, School of Government, Development and International Affairs, USP: 이주유럽인 후손]

● 종족갈등의 근원:

"전적으로 식민정부에 의해 추진된 계약노동제"

[Vijay Naidu 교수, School of Government, Development and International Affairs, USP: 인도피지언]

● 원주민의 정치적 우위에 대한 입장:

"상관없음. 남편의 장사가 잘되면 그만"

[Josephine Singh, USP 파트타임 행정직원: 인도피지언]

위 인터뷰 기록에서 엿볼 수 있듯이 오늘날 피지의 권력배열양상은 식민시대에 형성된 종족대립구조(원주민-인도피지언의 대립구조) 속에서 토착패권을 유지하고 있는 족장집단, 독립 후 새롭게 부상한 군부, 식민시대 이전부터 피지사회 전반에 걸쳐 지대한 영향력을 행사하여온

---

17 현지조사는 USP의 School of Social Sciences 소속 Dr. Sandra Tarte(현재 School of Government, Development and International Affairs 소속)와 서울 소재 〈비교민주주의연구센터〉 연구위원들의 협조를 얻어 수행되었다. 정치활동을 엄격히 규제하는 공공비상조치가 내려져 있는 현 정치상황을 고려하여 공식 인터뷰 외에 일반시민과의 면담내용은 응답자들을 보호하기 위해 소개하지 않기로 한다.

기독교(감리교) 지도자들로 구성된 원주민 리더십의 연합과 대립에 따른 불안정성을 노정하고 있다.

인도피지언은 독립 후 1987년까지 원주민 여당 NAP(National Alliance Party)에 대항한 NFP(National Federation Party)를 중심으로 결집했고, 1992년 이후에는 다인종 정당인 FLP(Fiji Labour Party)를 통해 역시 원주민 여당인 SVT(*Soqosoqo ni Vakavulewa ni Taukei*)를 제어하려 시도했다. 그러나 이들의 정치적 결집력은 1987년 총선을 통해 출범한 FLP-NFP 연합정부가 원주민 군부지도자 람부카^{Sitiveni Rabuka} 중령의 2차에 걸친 쿠데타로 붕괴된 이후 이완되기 시작했으며, 다시 2000년 5월 인도피지언 총리 초드리 ^{Mehendra Chaudhry}의 FLP-SVT-UGP[18] 연합정부가 원주민 사업가 스페이트 ^{George Speight}의 군사쿠데타에 의해 축출되자 거의 와해되었다고 볼 수 있다. FLP는 2006년 총선에서 새롭게 구성된 원주민 여당 SDL(*Soqosoqo Duavata ni Lewenivanua*)에 이어 제2당으로 부상했으나(SDL 32석, FLP 31석),[19] 같은 해에 발생한 군사쿠데타로 인해 의회정치가 실질적으로 정지되면서 인도피지언 정치세력은 현재 제도적 기반을 상실한 상태이다. 1987년 2회, 2000년, 2006년 각 1회 등 총 4회에 걸쳐 발생한 군사쿠데타는 인도피지언 정치세력의 제도적 기반을 심각하게 훼손했을 뿐 아니라 원주민 리더십의 분열을 야기했으며, 이로 인해 정치적 대립구도의 이원화(원주민-인도피지언, 족장세력-군부)가 진행되어 정치지형의 유동성과 불안정성이 더욱 확대되었다. 이로부터 피지는 "재난의 바다^{Sea of trouble}" 한가운데 자리 잡은 "쿠데타의 땅^{Coup-coup land}"이라는 오명을 얻게 된다(Naidu 2007).

원주민 리더십의 분열은 2000년 스페이트의 쿠데타를 계기로 가속화된다. 즉, 쿠데타와 더불어 피지 전역에 걸쳐 인도피지언 촌락과 상가에

---

18 United General Party(이주유럽인 정당).
19 김웅진(2009), 164. "하원의원 총선결과: 정당별 획득 의석수" 참조.

대한 무차별 약탈, 방화 등 원주민에 의한 폭력사태가 확산되자, 수뇌족장 출신 마라[Kamisese Mara] 대통령이 쿠데타 군에 의해 감금된 초드리 총리를 해임하는 등 정권의 일시적 공백상태가 초래된다. 심각한 사회불안과 정권공백은 군부의 개입을 유도해 바이니마라마 피지군 총사령관이 정부를 장악, 헌법폐지를 선언하고 마라 대통령을 축출했으며, 군부와 족장대평의회가 수뇌족장 일로일로[Josefa Iloilo]를 대통령[20]으로 지명하고 온건파 원주민 지도자인 금융인 가라세[Lasenia Qarase]를 임시정부총리에 임명함으로써 사태가 진정되었다.[21] 그러나 2001년과 2006년 총선에서 가라세 총리가 이끈 SDL이 연달아 승리하여 정권을 장악하자 원주민 리더십의 균열이 가시화되기 시작했다.[22]

균열은 2000년 스페이트 쿠데타의 주역들을 사면하기 위한 「화해·관용·통합 증진법안[Promotion of Reconciliation, Tolerance and Unity Bill]」, 국가소유로 변한 어장[漁場]을 관습적 소유주(족장)에게 되돌려주기 위한 「어장법안[Qoliqoli]」, 그리고 국가가 몰수해 자유대지[freehold land]가 된 토지를 원소유주 족장이 매입할 수 있도록 자금을 지원하기 위한 「토지판정법안[Land Tribunal Bill]」 등 3개 법안을 중심으로 이루어졌다. 가라세 정부가 이러한 법안을 통해 족장집단의 지지를 동원하여 군부의 세력을 압도하려 하자 2006년 12월 5일 바이니마라마 총사령관이 인종정치를 종식시킨다는 미명하에 재차 군사 쿠데타를 일으켜 가라세의 SDL-FLP 연합정부를 타도했다. 이후 오늘날에 이르기까지 바이니마라마가 이끄는 임시정부의 실질적 군사독재체제가 지속되고 있다.

---

20 현재 원주민 수뇌족장 출신 에뻴리 나이라띠까우(Ratu Epeli Nailatikau)가 군사정권의 임시대통령직을 맡고 있음.

21 스페이트 쿠데타의 진행과정과 파급효과에 관해서는 Lal(2006), 206~231 참조.

22 SDL은 2001년 및 2006년 총선에 있어서 각각 32석, 36석을 확보했다. 독립 후 2006년까지 실시된 총선에서 각 정당이 확보한 의석수에 관해서는 김웅진(2009), p.164 "하원의원 총선결과: 정당별 획득 의석수" 참조할 것. SDL의 정권장악이 미친 정치적 파급효과에 대한 논의로서는 Alumita Durutalo, "Defending the inheritance: The SDL and the 2006 election", in Fraenkel and Firth(2007), 250~260 참조.

이와 같은 피지 정치지형의 이중적 균절구도는 이미 식민시대에 그 기반이 마련되었다. 영국 식민정부는 앞서 논의한 바와 같이 플랜테이션 경제의 주축으로 부상한 인도피지언을 원주민과 더불어 '또 다른 국민'으로 인정했으나 1960년대 중엽 이후 독립에 대비한 정치적 수습기제, 곧 자치정부의 구성에 있어서 "피지인의 지상권"을 인정한다는 원칙에 따라 원주민의 과다대표성을 보장했을 뿐 아니라, 원주민의 과다대표성과 인도피지언의 급속한 경제적 부상에 따른 종족갈등의 폭발가능성을 종족투표제와 입법위원회 내 종족별 의석배분 등 기제적 처리방식을 통해 제어하려 했던 것이다. 식민정부의 구상은 식민 후 의회민주주의 체제의 권력배열과정에서 재현되어 독립헌법에 따른 양원제 의회 parliament의 구성에 있어서도 원주민의 우위를 확보하기 위한 종족구획을 제도화하였다. 즉, 족장대평의회가 상원의석(32석)의 거의 절반(14석)을 채우도록 했고, 하원의석의 배분에 있어서도 원주민에게 가장 많은 의석을 배당한 것이다(<표 1-2> 참조).

〈표 1-2〉 1997년 헌법(2009년 쿠데타로 효력정지)에 따른 피지의회의 종족별 의석배분 현황

하원House of Representatives	· 총선을 통해 구성 · 임기 5년 · 총 71석	원주민	23석
		인도피지언	19석
		여타 인종	3석
		로투마Rotuma 섬 거주자23	1석
		개방의석	25석
상원Senate	· 대통령이 건의를 받아 임명 · 총 32석	족장대평의회 건의	14석
		총리 건의	9석
		야당 당수 건의	8석
		로투마 자치정부 건의	1석

출처: 김웅진(2009), 23

---

23 피지 북방 465km에 위치한 도서군으로 1881년 영국 식민당국이 피지영토로 편입한 자치령. 문화적으로 통아와 사모아에 가까운 로투마인(Rotumans)이 거주.

원주민 리더십의 균열 또한 식민통치의 직간접적 소산이라고 말할 수 있다. 영국 식민정부는 피지에 가장 먼저 진입한 유럽 세력의 하나일 뿐 아니라 전 피지왕국 국왕 다콤바우를 위시한 수뇌족장들의 개종을 유도함으로써 통치의 침투성을 확보하는 데 공헌한 기독교 선교사들과 긴밀한 관계를 유지할 수밖에 없었다. 따라서 영국인 선교사에 의해 양성된 원주민 기독교 지도자가 이미 식민시대로부터 원주민 사회에 지대한 영향력을 행사한 것은 지극히 자연스러운 일이며, 이들은 독립 후 식민당국이 직접 양성한 원주민 정치엘리트, 곧 족장집단과의 연합을 통해 피지정치를 주도하는 핵심세력으로 부상했다. 반면 오늘날 "쿠데타 정치 Coup politics"24의 주역이 된 군부는 식민통치에 의해 양성된 집단이 아니며, 따라서 군부와 족장-목회자 연합세력의 대립은 필연적으로 노정될 수밖에 없었던 것이다. 요컨대 피지의 불안정한 정치지형은 식민시대에 형성된 종족적, 사회 경제적 분절과 정치적 분절의 정합성이 식민 후에 신新엘리트 집단, 곧 군부의 부상에 따라 점차 와해됨으로써 나타난 것이라 해도 과언이 아니다.

3. 바누아투: 식민경쟁구도의 언어 문화적 재현

(1) 토착패권질서의 부재와 합성리더십의 형성

고고학적 탐사에 따르면 피지에 근접한 도서국가 바누아투공화국 Republic of Vanuatu25에 멜라네시언의 정착사회가 형성된 시기는 2,500년 전~

---

24 피지 쿠데타의 정치 사회적 배경과 함의에 관해서는 Lal(1998); Robertson and Tamanisau(1998); Robertson, et al.(2001)에 상세히 논의되어 있음.

3,000년 전인 것으로 추정된다(Crocombe 2008, xi). 그러나 초기 원시사회의 구조나 역동에 관해서는 알려진 바 없고, B.C. 13세기 중엽 전설적 지도자 로이마따Great Chief Roymata가 에파테Efate 섬과 셰퍼드 군도 Shepherd Group 전역에 걸쳐 씨족을 통합했다는 설화說話가 전해질 뿐이다 (Sokomanu 1992, 50).

바누아투는 1606년 스페인 해양탐험가 데 끼로스Pedro Fernandez de Quiros 에 의해 에스피리뚜 산또Espitiru Santo 섬이 최초로 발견되고, 1768년 프랑스인 부겡빌Louis Antoine de Bougainville이 다시 찾을 때까지 외부세계로부터 고립되어 있었다. 영국-프랑스 공동식민통치(1906~1980)로부터 독립할 때까지 사용된 명칭 뉴헤브리디즈New Hebrides는 1774년 제2차 태평양 탐사 시 쿡 선장이 붙인 것이다.[26]

바누아투가 유럽인 무역상의 관심을 끌게 된 것은 에로망고Errormango 섬에서 희귀 교역품목인 백단이 발견된 1825년 이후이며, 1860년대에 이르러서는 오스트레일리아, 피지, 뉴칼레도니아New Caledonia와 사모아 Samoa에 건설된 유럽인 플랜테이션의 노동력 공급원, 곧 블랙버딩의 대상 이 되면서 본격적인 주목을 받게 되었다.[27] 이 시기에 기독교 선교사를 포함한 상당수 유럽인이 피지러시에 편승해 바누아투로 진입했고, 국제목화가격의 폭락 이후 이들이 건설한 목화 플랜테이션은 대부분 코코넛 플랜테이션으로 전환되었다. 유입된 유럽인은 오스트레일리아로부터 건너온 영국계가 대부분이었으나 1882년 프랑스계 토지개발업체 CCNH(Companie Calédonienne des Nouvelles-Hébrides)가 설립되어 바누아투의 토지를 적극

---

25 피지 서측 800km 떨어진 동남태평양상에 위치.

26 "미지의 남방대륙(Terra Australis Incognita)"을 확인하라는 왕립학회(Royal Society)의 위임을 받아 이루어진 쿡 선장의 태평양 탐사는 1768~1771(1차), 1772~1775(2차), 1776~1780(3차)에 걸쳐 진행되었음. 김웅진(2009), 39~43 참조.

27 이에 따라 주요도서의 성인남성 가운데 절반 이상이 계약노동자로서 바누아투를 떠났다.

적으로 매입하기 시작한 이래 프랑스계의 수가 영국계를 배 이상 능가하게 되었다. CCNH의 공격적인 토지매입은 1892년 이에 대항하려는 영국계 개발업체 ANHC(Australian Hebrides Company)의 설립을 야기했으며, 이러한 영국계-프랑스계의 토지확보경쟁은 추후 영국-프랑스 공동식민통치의 기반을 구축하게 된다(Trease 1995, 7~8).

유럽인이 진입했던 당시 바누아투에는 피지에 필적할 만큼 견고한 정치사회조직이나 '족장' 개념이 존재하지 않았다. 또 113개에 달하는 언어와 상이한 관습을 지닌 수많은 소규모 원주민 촌락이 산개해 있었고, 촌락의 권력구조가 절대적·세습적 패권에 입각해 계서적으로 조직된 피지와 달리 잠정적 성격을 벗어나지 못했다. 즉, 남부 아네이티움^{Aneityum} 섬과 같은 세습을 통한 지배집단의 관습적 분리가 보편화되지 않았을 뿐 아니라, 경제활동이나 의례^{Ritual}에 관련된 원시적 형태의 개인능력에 따라 리더십이 수시로 전환되었다. 다시 말해서 리더십의 "상황 종속성, 맥락성과 확산성^{Situational and contextual, diffused}"이 특히 북부지역에서 노정되었으며(Douglas 1998, 228), 돼지도살^{Pig-killing} 등 의례의 각 단계에서 발휘하는 능력에 따라 상향이동이 허용된 유연한 신분구조가 형성되어 있었다. 이처럼 바누아투의 토착패권, 특히 북부지역의 리더십은 "지극히 취약하며, 수시로 변하는 촌락민의 지지에 크게 의존^{Very fragile, highly dependent on ongoing community support}"하고 있었기 때문에 신분에 따른 사회 구조적 정당성^{Structural legitimacy}이라기보다는 능력에 입각한 개인적 정당성^{Personal legitimacy}을 기반으로 삼고 있었다(Bolton 1999, 102). 반드시 신분에 합당한 불^{Taboo fires}로 조리한 음식만을 먹어야 한다는 의례적 위계질서의 카테고리에 머물기 위해서는 자격을 보여주는 개인능력을 과시할 필요가 있었던 것이다.

이처럼 상황 종속적인 토착리더십은 선교사들에 의해 "지프^{Jif}"[28]라 불리는 새로운 형태의 족장리더십으로 전환된다. 원주민의 개종이 토착문화에 기반을 둔 기존 리더십을 잠식하면서 표출된 갈등을 목도한 선교사들이 촌락의 권력구조를 개편하려 시도했던 것이다. 즉, 기독교를 수용한 유력인사들을 지프라 칭한 후 원주민을 설득할 수 있는 자원을 동원해 그들의 권위를 뒷받침했고, 이에 따라 전통적 패권의 원천이 점차 와해되었다. 토착문화와 유럽적 의미에 있어서의 정치지도자의 상을 합친 새로운 유형의 합성리더십^{Hybrid leadership}이 형성된 것이다.

토착리더십의 개편과정에 영국-프랑스 공동식민당국이 거의 관여하지 않았다는데 주목할 필요가 있다. 식민당국은 1960년대에 이르기까지 이주유럽인의 경제적 권익을 보호하는 데 통치전략의 초점을 맞추었을 뿐 원주민 사회의 역동에는 관심을 기울이지 않았다. 식민지관리의 대상과 영역이 이주유럽인과 그들의 경제활동에 한정되었기 때문이다.[29] 따라서 식민통치하에서 원주민, 곧 "니-바누아투^{Ni-Vanuatu}"의 토착사회는 종교적이자 경제적 실익을 확보하려는 유럽인 선교사, 농장주, 상인에 의해 점진적으로 개편되었으며, 식민당국은 바누아투 전역을 4개 행정구역으로 분할한 후 지역담당관^{District agents}을 파견하여 유럽인-원주민 간의 거래, 특히 토지거래에 관련된 분쟁을 조정하게 했을 따름이다.

이와 더불어 식민당국은 심의관^{Assessors}과 족장^{Chiefs} 등 두 부류의 원주민 지도층을 구성해 원주민 사회를 관리하려 시도했다. 1911년에 설치된 심의관직은 본래 그 역할이 지역담당관이 주재하는 원주민법정^{Native Courts}의 자문역에 한정되었지만 원주민사회의 사소한 분쟁에 대한 판결을 직접 내리는 수준으로 확대되었다. 족장직은 이미 선교사들에 의해 만들어진 기본구도를 따랐고, 촌락을 대표하여 외부인과의 경제적 거래

---

28 영어 '치프(Chief)'를 영어, 불어와 더불어 공용어로 사용되는 원주민 언어 비슬라마(Bislama)로 표현한 것임.
29 예컨대 1960년대까지는 원주민을 대상으로 한 공공교육이 실시되지 않았다.

를 담당하는 역할을 부여받았다. 외부인과의 협상을 주관하면서 독자적 기반을 확보한 족장의 권위는 식민당국-토착사회 간 매개자의 위상을 통해 더욱 강화되었다(Bolton 1999, 3~4).

이처럼 선교사의 주도하에 구축된 족장의 세력은 식민당국의 후속조치에 힘입어 독립(1980)에 즈음하여 대폭 확장되었다. 예컨대 1974년 최초로 구성된 식민의회^{Representative Assembly} 의석 가운데 4석이 족장에게 할당되어 족장집단이 바누아투 군도를 대표하는 공식적 정치세력 가운데 하나로 인정되었다. 그러나 1976년 족장집단에 대한 의석배분을 둘러싼 영국계-프랑스계 정치세력의 갈등이 노정되자 그 해결방안으로서 원주민 사회의 관습에 관련된 사안, 곧 "카스톰^{kastom}"30에 대한 의회의 자문기관으로서 말바뚜마우리^{Malvatu Mauri}(국가족장위원회)가 설치되었다. 국가족장위원회는 그 역할을 자문에 한정함으로써 족장집단의 의회에 대한 직접적 영향력을 봉쇄하는 통제기제로 구상되었으나, 토지거래, 어업, 축산업에 대한 의회의 영향력 역시 제어되어 적어도 원주민 사회의 경제적 역동에 관한 한 의회-족장집단 간의 정치적 균형이 이루어졌다. 이러한 사안에 관한 의회의 심의과정에 있어서 반드시 국가족장회의의 자문을 구하도록 한 것이다. 족장의 권위는 독립 후에도 크게 잠식되지 않아 오늘날 말람빠^{Malampa}, 뻬나마^{Penama} 등 일부 지방행정권역에서는 족장이 상당한 영향력을 행사하고 있으며, 이에 따라 단원제 의회의 의원들조차 지방의 정치 경제적 사안에 관한 한 족장의 지시를 따르는 현상이 나타나고 있다.

토착정치질서의 개편과정에서 식민당국이 소극적 태도를 보인 것은 피지의 영국 식민정부와 같이 강력한 통치력을 행사하는 단일식민정부를 구축할 수 없었던 역사적 배경 때문이다. 19세기 말에 이르러 영국계-프

---

30 바누아투의 고유문화와 관습, 혹은 그에 관련된 사안을 총칭하는 용어, 영어 Custom의 비슬라마식 표현.

랑스계, 유럽인-원주민 간에 경작지의 매매와 소유권 인증방식을 둘러싸고 이해관계가 빈번히 충돌했고, 앞서 언급한 프랑스계 개발업체 CCNH와 영국계 개발업체 ANHC 간의 토지확보경쟁 역시 가속화되었다. 영국과 프랑스는 심각한 폭력사태를 야기한 갈등을 완화하기 위해 1878년 도서 전역을 중립지역으로 선포했으나 물리적 강제력을 지닌 행정부가 존재하지 않았기 때문에 성과를 얻지 못했다. 영국계-프랑스계의 경쟁과 갈등은 바누아투를 공동식민지로 병합하여 이른바 "뉴헤브리디즈 문제New Hebrides Problem"를 근원적으로 해결하라는 압력을 유발했으며, 이에 따라 1887년 양국 이주민을 보호하기 위한 경찰업무를 담당할 연합해군 위원회Joint Naval Commission가 창설되었다(Trease 1995, 9). 그러나 위원회의 출범 이후에도 갈등이 진정되지 않자 영국과 프랑스는 1906년 공동식민 통치에 합의하여 별도의 식민정부와 공동법원으로 구성된 이중적 식민 체제를 출범시켰다. 1922년에 공식적으로 비준된 공동식민체제는 바누아투를 영국-프랑스의 대립구조에 따라 실질적으로 분할통치하기 위한 비정상적 기제로서 독립 후 언어정치의 기반을 조성하게 된다. 이와 같은 이중적 식민통치구조와 유럽인의 침투에 대한 대응능력이 전혀 없던 바누아투 사회의 원시성이 공동식민체제로 하여금 토착정치 사회질서를 적극적으로 개편할 필요성을 찾지 못하게 만들었다고 볼 수 있다.

(2) 언어정치지형의 형성과 의회분절

오늘날 바누아투 의회민주주의 정치의 역동은 서두에서 지적한 바와 같이 언어정치, 곧 앵글로폰(영어계)-프랑코폰(불어계)의 대립이라는 지형 위에 전개되고 있다. 이러한 언어정치는 독립 후 12년간(1980~2002)

영어계 VP(*Vanua'aku Pati*)와 불어계 UMP(*Union des Partis Moderés*)의 양극적 대립구도를 취했으나, 1988년 이후 원내 절대우위를 지켜온 여당 VP와 야당 UMP가 각각 소규모 정당으로 분할되면서 다극적 대립구도로 전환된다. VP와 UMP의 와해는 극심한 의회분절[Parliamentary fractionalization]과 그에 따른 정치세력의 이합집산을 초래했지만, 모든 원내정당들이 근원을 VP와 UMP에 두고 있기 때문에 언어정치의 기본지형은 변화하지 않았다. 즉, 2008년 현재 15개에 달하는 원내정당들은 언어적 기반을 제외하고는 명백한 정책적·이념적 차별성을 갖고 있지 못하며, 따라서 정권장악 여부가 영어계, 불어계 집단 내에서 각기 이루어지는 연합양상에 좌우되는 현상이 표출되고 있다(Morgan 2007, 117)(<표 1-3> 참조). 2008년 총선결과에 따라 VP, 1991년 VP를 이탈하여 결성된 NUP(Vanuatu National United Party)와 기타 군소정당의 불안정한 영어계 연합이 집권했으나, 2010년 12월 2일 의회 내 다수파로 부상한 불어계 야당연합이 추진한 불신임결의가 통과됨에 따라 VP 소속 나타페이[Edward Natapei] 총리가 축출되고 PPP(People's Progressive Party) 소속 킬먼[Sato Kilman]으로 대체되었다.

이처럼 정치세력의 분절이 식민시대에 형성된 언어 문화적 분절을 탈피하지 못하게 만든 배경요인은 바누아투가 처해 있는 경제 사회적 환경에 놓여 있다고 볼 수 있다. 즉, GDP 6억 달러(2009년, 추정)에 불과한 왜소한 경제규모,[31] 재래식 농업, 어업 및 소규모 관광업에 제한된 산업영역, 식민당국의 방관에 따라 오늘날까지 유지되고 있는 사회 문화적 원시성으로 인해 정치적 쟁점으로 부상할 수 있는 구체적 사안이 표출되지 않고 있는 것이다. 또한 지리적 고립성과 취약한 국력으로 인해 국제 정치 경제적 상호의존망의 주변부를 벗어나지 못하고 있으며, 이에 따라 정치적·이념적 사안의 확산망[Diffusion net]으로부터 격리되어 있다는

---

31 https://www.cia.gov/library/publications/the-world-factbook/geos/nh.html(검색일: 2010.11.14).

점 역시 배경요인으로 작용하고 있다.

<표 1-3> 2008년 총선에 따른 바누아투 원내정당의 의석점유 현황

의회진출 정당	의석수
Vanuaku Pati(VP)	11
Vanuatu National United Party(Parti national uni: NUP)	8
Union of Moderate Parties(Union des Partis moderés: UMP)	7
Vanuatu Republican Party(Parti Républican de Vanuatu)	7
People's Progressive Party(Parti progressiste populaire: PPP)	4
Grin Pati(Confédération verte)	2
Nagriamel	1
Namangi Aute	1
Melanesian Progressive Party(Parti progressiste mélanésien)	1
People's Action Party(Parti de l'Action populaire)	1
Shepherds Alliance Party	1
Vanuatu Family First Party	1
Vanuatu National Party	1
Vanuatu Labour Party	1
VPRFP	1
무소속	4
합계	52

출처: http://www.parliament.gov.vu/members.html(바누아투 의회 홈페이지, 검색일: 2010.11.2).

이와 같은 바누아투의 언어정치지형은 피지와 달리 식민당국에 의해
적극적으로 구축된 족장중심질서가 재현된 것이 아니며, 식민통치의 전
과정에 걸쳐 지대한 영향력을 행사한 영국 및 프랑스 선교사들에 의해
야기된 사회문화분절$^{Sociocultural\ cleavage}$의 소산이다. 유럽인 선교사들은 영
어와 불어를 사용해 순응성이 대단히 높은 원주민을 각각 개신교 신자
와 가톨릭 신자로 개종시키고, 여타 이주유럽인과의 긴밀한 협조를 통
해 식민당국이 도외시한 교육[32]과 취업기회를 제공함으로써 바누아투
사회를 영어문화권과 불어문화권으로 구획한 주역이었던 것이다. 이들

---

32 공동식민당국은 1960년대에 이르러서야 공공교육제도를 설치했다.

은 또한 본국 측 식민정부의 기본입장을 옹호하는 가운데 상호경쟁관계에 놓여 있었고, 따라서 선교활동의 목표를 단순한 원주민의 개종이 아니라 사회 문화적 측면에서 영국 권역과 프랑스 권역을 확장하는 데 두었다고 볼 수 있다(Trease 1999, 6). 언어, 종교와 교육을 필두로 한 사회 문화적 분절은 독립 이전부터 상당한 정치적 파급효과를 낳았다. 예컨대 6기 의회(1998~2002)에 이르기까지 강력한 여당의 위치를 지켜온 바누아쿠당(VP)[33]은 식민시대에 영국인 개신교 선교사의 훈육을 받은 원주민 목회자와 영국 측 식민정부의 원주민 관료를 중심으로 결성된 앵글로폰 정당으로서 바누아투의 조속한 독립이라는 영국의 입장을 지지하고 있었다(1971년 창당).

유럽인 선교사와 식민당국의 후견에 힘입어 새로운 원주민 리더십으로 부상한 족장들이 독립 후 바누아투의 정치지형에 별다른 영향을 미치지 못한 것은 촌락지도자의 위상을 극복하지 못했기 때문이다. 즉, 피지에 대한 영국의 식민통치전략이 앞서 지적한 바와 같이 "피지인의 지상권"이라는 외관$^{Ca\varsigma ade}$을 앞세운 간접통치방식이었고, 이에 따라 강력한 관습적 패권을 확보하고 있던 수뇌족장들을 식민통치기제의 핵심부로 적극 편입시킨 데 반해 바누아투의 식민당국은 족장을 원주민과의 거래를 위한 중재자^{Mediator} 이상으로 간주하지 않았던 것이다. 다시 말해서 족장은 원주민 사회로의 효율적 침투를 위한 식민행정의 말단기제였다고 볼 수 있다. 식민당국은 또한 국가족장위원회의 설치를 통해 표면적으로는 족장들의 원주민 대표성과 권위를 공식적으로 인정했지만, 궁극적 목적은 시간이 흐름에 따라 지방행정권역에서 점차 확대된 족장의 영향력을 탈정치화하는 데 놓여 있었다. 바누아투의 족장들은 관습적

---

33 제1기 의회(1979~1983, 식민의회)에서 39석 가운데 25석을 획득한 이래 제6기 의회(1998~2002)에서 52석 가운데 19석을 차지하기까지 원내 다수정당의 위상을 유지했음. Morgan(2007), 128~129 참조.

패권의 진공^{眞空} 속에서 "식민통치가 만든 픽션$^{Colonial\ fiction}$"에 불과했던 것이다(Bolton 1999, 11).

족장들은 바누아투의 독립과정에 있어서도 영향력을 행사하지 못했다. 1940년대 이후 전개된 식민통치에 대한 저항운동, 특히 토지 개간을 둘러싼 유럽인-원주민 간의 갈등으로 표출된 민족주의운동의 추동력은 남태평양의 고유한 토속신앙, 곧 물질적 풍요의 도래에 대한 예언적 무속인 카고 컬트$^{Cargo\ cult}$, 화물숭배[34]로부터 생성되었다. 예컨대 백인이 뉴헤브리디즈(바누아투)를 떠나면 원주민이 그들이 가져온 물질적 부(화물)를 모두 차지할 것이기 때문에 하루빨리 백인을 몰아내야 하며, 그렇게 하기 위해서는 교육, 기독교, 플랜테이션 노동 등 모든 '서구적인 것'을 배척해야 한다는 1930년대의 존 프럼$^{John\ Frum}$ 신비주의 운동, 1970년대 "모세^{Moses}"라 불리며 "카스톰"을 강조한 원주민 지도자 스티브스$^{Jimmy\ Stevens}$의 나그리아멜^{Nagriamel} 분리주의운동 등은 모두 민족주의 의식을 직간접적으로 추동한 카고 컬트에 해당된다.[35]

요컨대 독립 후 바누아투 의회민주주의 체제의 권력배열은 피지의 경우와 같이 식민당국의 적극적 후원에 따라 패권을 확보한 토착리더십(족장집단)에 의해 진행된 것이 아니라, 선교사를 필두로 한 유럽인 민간세력이 식민시대에 육성한 원주민 신(新)엘리트 집단에 의해 영국-프랑스의 경쟁구도를 언어적으로 재현하는 방식으로 이루어졌다고 볼 수 있다. 물론 식민당국이 이러한 신엘리트의 육성과정에 전혀 관여하지 않았다고 단정하기는 어렵다. 그러나 비록 일정한 영향력을 행사했다

---

34 바누아투를 포함한 남태평양 지역의 카고 컬트와 그 정치 사회적 파급효과에 관해서는 Steinbauer(1979) 참조.

35 프랑스계 정치세력의 사주를 받아 독립을 미룰 것을 주장한 신비주의 정치운동. 1980년 6월 독립직전 에스피리뚜 산또 섬에 Republic of Vemerana라 불리는 독립국을 선언하고 12주간 저항. 영국이 진압군을 투입하려 시도했으나 프랑스의 반대로 움직이지 못하고, 대신 동원된 파푸아뉴기니 군에 의해 제압됨(코코넛 전쟁, Coconut War). 이후 나그리아멜 세력은 정당으로 잔존하여 2008년 총선에서 1석을 획득함. Beasant(1980) 참조.

하더라도 민간차원의 엘리트 육성에 대한 소극적 후원 내지는 전략적 방관에 제한되었다는 사실은 분명하다. 따라서 영국-프랑스 식민당국이 오늘날 바누아투의 정치지형 형성에 미친 영향은 피지의 경우와 같이 독립 후 의회민주주의 체제를 운영할 정치세력 자체를 육성했다기보다는 정치적 갈등과 맥락을 제공했다는 점에 한정된다. 즉, 영국-프랑스 공동식민체제가 내포하고 있던 본연적 대립구조, 곧 식민통치의 핵심사안이었던 유럽인의 토지소유권 확대와 독립의 허용 여부[36]에 관한 국익 충돌이 그들에 의해 각기 양성된 신엘리트의 언어 문화적 갈등구조로 단순치환된 것이다.

4. 결론: 식민당국에 의한 토착패권의 포섭과 식민 후 권력재배열

앞서 논의한 바와 같이 피지와 바누아투에 있어서 토착패권의 강고성은 전통적 정치사회질서를 식민기제 내로 편입하기 위한 식민당국의 전략선택에 결정적 영향을 미쳤다. 세습족장을 정점으로 한 위계적 패권질서가 이미 식민 전에 강고하게 자리 잡은 피지의 경우, 영국이 채택한 간접통치방식은 피식민국의 전통과 관습을 보호한다는 영국식 식민정책의 특성을 반영하는 것이기도 하였지만 어디까지나 불가피한 선택이었다고 진단할 수 있다. 즉, 영국 식민당국은 토착패권을 완전히 제거하거나 억압한다면 족장을 중심으로 조직된 피지의 위계사회가 근원적으로 붕괴되어 통치의 침투성과 효율성이 상실되리라는 점을 인지

---

36 프랑스는 바누아투의 독립이 남태평양에 있어서 국익의 요충지, 특히 전략적 천연자원의 공급원인 뉴칼레도니아에 미칠 파장을 우려했으며, 따라서 독립의 순연을 지속적으로 주장했다.

했던 것이다. 이에 따라 식민당국은 통치의 1차적 목표, 즉 자국민의 경제활동보호를 위해 원주민 리더십을 식민통치기제의 핵심부로 유인함으로써 통치의 안정성을 확보하는 데 성공했다고 말할 수 있다. 반면 식민통치의 침투에 저항할 수 있는 토착패권이 애당초 형성되어 있지 않았던 바누아투에서는 피식민사회의 정치 사회적 구조와 역동을 개편해야 할 필요성이 제기되지 않았다. 또한 원주민 지도자들의 결집성 역시 크게 떨어졌기 때문에 영국-프랑스 공동식민당국은 바누아투사회의 개편작업을 아예 시도하지 않거나 자국 선교사를 필두로 한 민간집단에 의뢰했던 것이다. 이는 물론 바누아투에 있어서 영국과 프랑스의 국익이 지닌 제한성 때문이었으나, 소극적 '대리통치' 내지 '위임통치'는 어디까지나 바누아투의 원주민 리더십이 표출한 취약성에서 기인한 것이었다고 볼 수 있다.

식민통치의 구조적 측면 역시 양국에 있어서 토착리더십의 재편작업에 영향을 미쳤다. 즉, 바누아투에 대한 영국-프랑스 공동식민체제는 식민정책의 일관성과 통합성을 보장할 수 없는 불안정한 이중구조였으며, 이러한 구조적 성격이 영국-프랑스 간의 국익 대립과 맞물려 식민통치를 식민경쟁으로 유도했던 것이다. 이에 따라 피지의 경우 단일식민체제의 구조적 효율성에 힘입어 토착리더십의 재편작업이 성공적으로 진행된 데 반해, 영국과 프랑스의 대립이 식민통치의 전 기간에 걸쳐 지속된 바누아투에서는 원주민 리더십의 분화, 곧 기독교 선교사 등에 의해 양성된 원주민 민간엘리트와 식민당국에 의해 말단행정조직으로 흡수된 원주민 관료엘리트가 병존하는 기현상이 표출되었다(<표 1-4> 참조).

<표 1-4> 피지와 바누아투에 있어서 토착패권의 성격과 식민통치의 구조 및 전략

구분	피지	바누아투
토착패권질서의 구조	위계적·안정적 계급구조	신분과 계급의 유동성과 그에 따른 상황 종속적·잠정적 구조
토착패권의 침투성과 결집성	· 마땅갈리(Mataqali, 씨족)로부터 마따니뚜(Matanitu, 대규모 부족연합체)에 이르는 강력한 침투성 · 부족(부족연합) 간의 내전에 따른 제한적 결집성	· 소규모 촌락에 제한 · 패권집단 간의 연계성과 결집성 부재
토착패권의 기반	세습	특정한 의례에서 표출되는 개인 능력
식민 당시 원주민 리더십의 구조	족장중심 일원적 위계구조	민간인 족장–말단행정관료 족장의 이중구조
식민통치의 구조	영국에 의한 단일통치체제	영국–프랑스 공동통치체제
식민당국의 토착패권 재편전략	적극적 후원과 정치기제로의 포섭	민간 차원의 토착리더십 양성에 대한 방관과 말단행정조직으로의 흡수

요컨대 오늘날 피지와 바누아투의 의회민주주의 체제가 노정하고 있는 변용양상은 이러한 역사적 배경의 소산이다. 즉, 불가피한 종족갈등에 따른 불안정성을 원주민의 우위를 보장하는 방식으로 제어하기 위한 상하원 의석배분방식, 종족투표제, 족장대평의회의 설치 등 피지의 기제적 변용은 모두 "피지인의 지상권"이라는 명제하에 영국 식민당국이 추진한 원주민 리더십의 적극적 재편성으로부터 유래된 역사적 소산이다. 또한 바누아투에서 표출되고 있는 극심한 언어 문화적 의회분절과 "카스톰"에 대한 자문에 제한된 족장의 영향력은 영국-프랑스의 대립으로 인한 공동식민체제의 불안정한 이중구조와 민간인의 토착사회 개편 작업에 대한 방관에서 비롯된 것이라고 볼 수 있다(<표 1-5> 참조).

구분	피지	바누아투
식민 후 정치적 분절	종족갈등(원주민-인도피지언)과 원주민 리더십의 내분으로 인한 이중적 분절	언어 문화적 갈등에 따른 정치세력의 양극화(앵글로폰-프랑코폰)와 각 세력 내 분절
식민 후 권력배열	원주민의 정치적 우위를 보장하기 위한 기제적 배열 - 의회의석의 종족별 배분 - 종족투표제 채택 - 강력한 족장대평의회 유지	앵글로폰, 프랑코폰 세력의 내적 분절에 따른 소규모 정당의 난립과 이합집산

이와 같은 피지와 바누아투의 정치적 역동은 양립 불가능한 것으로 간주되는 현대 의회민주주의 정치기제와 원시적 패권질서의 융합을 보여주는 흥미로운 임상사례$^{Clinical\ case}$로서, 융합과정에서 식민통치의 영향력이 행사된 맥락과 경로에 관한 수많은 연구문제를 함의하고 있다. 또한 국내외를 불문하고 남태평양 지역에 관한 역사적·경험 과학적 연구가 영역과 축적성에 있어서 모두 초보적 수준을 벗어나지 못하고 있다는 사실을 고려할 때, 피지와 바누아투를 포함한 남태평양 도서국가 연구는 의회민주주의의 기제적 운용에 관한 비교지역연구의 공간적 지평을 확장함에 더해 지리적으로 격리된 비서구사회의 토착정치질서에 대한 민주주의 기제의 포섭력을 추적하기 위한 탐색형 연구$^{Exploratory\ research}$의 시발점이 될 수 있다.

식민통치에 대한 저항력을 지닌 통합적 정치체제와 리더십이 애당초 존재하지 않았던 원시적 정치사회 상황 속에서 식민당국이 구축한 헤게모니 질서를 식민 후 의회민주주의 정치의 권력배열과정을 답습한 피지와 바누아투는 대부분의 비서구권 신생독립국들이 표출한 식민 후 권력 재배열 양상으로부터 벗어나는 일탈사례$^{Deviant\ cases}$에 해당된다. 바로 이러한 남태평양적 일탈성은 민주주의 체제의 안정적 운영조건을 일반화하기 위한 비교민주주의 연구의 기본전제와 가정을 재검토할 수 있는 단초가 될 수 있을 것으로 기대된다.

••••••••
제2장

전통적 정치질서의 제도적 수용: 피지와 바누아투의 현대정치[*]

••••••••

김면회[**]

1. 서론

　　　　　　　　　　한 나라의 정치현상과 정치과정을 이해하는 데 있어 우선적으로 고려해야 할 대상은 해당 국가에서 채택되어 운용되고 있는 정치제도이다. 제도결정론에 대한 비판들을 상당 부분 받아들인다 할지라도, 한 국가가 채택하고 있는 제도적 틀이 정치 행위자의 선택의 폭과 주요 정치과정의 내용을 구성하는 데에 결정적인 영향을 미친다는 점에 대해서는 어느 누구도 부정할 수 없을 것이다. 본 연구의 목적은 아직까지 국내 학계에 미답지역으로 남아 있는 남태평양의 도서국가 피지[Fiji]와 바누아투[Vanuatu]의 정치질서에 대하여 양국의 정치제도를 중심으로 정리하는 데에 있다.

　유럽으로부터 시작하여 전 세계적으로 확산된 근대화 과정에 있어 비非

---

  * 『현대정치연구』 5집 1호(2012, 서강대학교 현대정치연구소)에 게재된 논문을 부분적으로 수정한 것임.
 ** 프로젝트 공동연구원. 한국외국어대학교 정치외교학과 교수.

서구권의 행로는 구미^{歐美}권과 동일한 모습을 그리지 않았다. 영국의 근현대 역사학자 홉스봄^{E. Hobsbaum}이 주장하듯,[1] 서구에서의 근대화 과정이 산업혁명과 자유주의 혁명이라는 이중혁명^{Double revolution}에 의해 그 토대와 발전의 전기가 자생적으로 마련되었다는 점에서 유사한 모습을 보인 반면, 비유럽권 대부분의 근대화 과정은 19세기 말 전 세계적인 차원에서 전개된 유럽 제국주의의 대외 팽창과정에서 파생된 수동적인 과정이었다. 물론 미국이나 일본처럼 서유럽과 유사한 근대화의 과정과 발전 수준을 보인 나라도 있지만, 이는 예외적인 경우로 극히 소수에 지나지 않는다. 제3세계의 정치 경제적 근대화 과정은 대부분 유럽 제국주의의 물리적 강압에 의해 유럽의 이해를 중심으로 재편된 외삽적^{外揷的}인 과정이었다. 이러한 상황에서 식민의 경험을 거친 국가의 현대정치질서는 전 지구적 차원의 보편적 흐름과 각국이 놓여 있던 특수 그리고 기존의 전통과 외부에서 강압적으로 도입된 근대 사이에서 주조된 융합물이다. 외부에서 도입된 근대질서에 의한 전통의 완전한 해체 또는 대체보다, 내재적인 전통과 외삽적인 근대의 병존이 식민경험을 거친 제3세계 일반의 현대정치질서를 규정짓는 출발선이 되었던 것이다.

이런 의미에서 제3세계국가의 현대정치질서 이해하기 위해서는 먼저 근대 세계질서에 편입되는 시기의 역사적 전개과정과 맥락에 대한 집요한 추적이 요구되고, 아울러 당시 각국의 상황 및 대응 내용 등도 종합적으로 검토되어야 한다. 이를 통해서만이 각국의 정치 사회적 균열구조의 연원과 맥락을 올바로 이해할 수 있고, 이를 반영하고 조정하기 위해 채택된 개별 정치제도에 대한 정확한 설명이 가능할 것이다. 유럽 근대사에 있어 소위 비스마르크^{Bismarck}시대 이후 가속화된 영국과 프랑스

---

1 에릭 홉스봄의 4부작, 즉 「혁명의 시대」, 「자본의 시대」, 「제국의 시대」, 「극단의 시대」는 전 세계적 차원에서 진행된 근대질서의 형성 및 확산 과정을 정밀하게 추적하고 있다.

를 중심으로 한 해외팽창이 남태평양의 도서국가에 어떠한 영향을 미쳤
는가, 그리고 외부적 충격의 형태로 도입된 근대적 요소는 남태평양 도
서국가에서 오랫동안 온존되어 온 전통적 질서와 어떻게 어우러져 현대
정치과정에서 운용되고 있는가를 남태평양[2] 멜라네시아^{Melanesia} 지역[3]에
위치해 있는 피지와 바누아투의 사례를 통해 알아보는 것이 본 연구의
주요내용이다.

2. 피지와 바누아투의 현대정치질서: 전통과 근대의 병존

(1) 근대질서로의 외삽적 편입

가. 피지와 인종정치

피지의 현대정치는 외부세계와 어우러져 진행된 피지 근대 역사의 반
영물이다. B.C. 1500년경 폴리네시아인^{Polynesian}[4]이 피지군도로 진입하는
것으로 시작된 피지의 역사가 외부로 노출되기 시작한 것은 17세기 중
순경 서유럽 세력이 본격적으로 대양으로 팽창한 시기부터이다. 당시
해양을 지배해 나가고 있었던 네덜란드를 필두로 영국 그리고 뒤이은
미국의 출현과 함께 피지는 세계적 차원에서 본격화된 서구중심의 근대
질서의 소용돌이 속으로 빠져들게 되었다. 결국 피지의 근대화는 피지

---

2 남태평양지역에 산재해 있는 소국들은 1960년대까지 대부분 영국, 프랑스, 미국, 호주 그리고 뉴질랜드에 의해
  통제되었다. 그중 사모아(Samoa)가 1962년 최초로 독립하였고, 피지는 1970년에 그리고 대부분의 나머지 국
  가들은 1980년까지 그 상태가 변화 없이 지속되었다(Fraenkel & Grofman 2005, 264).

3 검은 섬들이라는 뜻의 멜라네시아는 서(西)태평양으로부터 아라푸라 해, 오스트레일리아의 북쪽 및 북서쪽에 이
  르는 지역을 말한다.

4 폴리네시아는 중앙 및 남태평양에 흩어져 있는 1,000개 이상의 섬들로 이루어진 지역으로 하와이 제도, 뉴질랜
  드, 이스터 섬을 잇는 삼각형 안의 섬들이 이에 해당된다.

인에 의한 서구 근대질서로의 자생적 진입이 아니라, 폭력을 앞세운 서구주도의 외삽적 재편에 의해 시작되었다. 피지의 역사와 정치질서가 서구사회와 본격적인 관계를 공식화하게 된 것은 1874년에 영국과 맺어진 양여각서로, 즉 영국의 식민지로 전락한 이후라 해도 과언은 아니다. 이의 연장선상에서 피지의 현대정치질서는 영국의 식민상태(1874~1970)에서 도입된 서구 근대질서와 전통의 이름으로 온존되어 온 질서가 외부세력의 주도하에 인위적으로 주조된 융합물이다.

남태평양에 위치해 있는 피지의 인구는 2005년도 현재 93만여 명으로 다인종으로 이루어진 국가이다.[5] 2004년 현재 멜라네시아인과 폴리네시언이 혼합된 원주민이 54.3%, 식민시대에 유입된 인도피지언이 38.2%, 그리고 백인을 포함한 중국인 등의 여타 종족이 7.5%를 차지하고 있다. 54%를 차지하는 원주민들이 신체, 언어와 관습에 따라 다시 세분될 수 있지만, 피지의 근대역사에서 가장 첨예한 사회적 균열구조는 원주민과 인도피지언 사이에서 발생하였고, 이 갈등구조는 오늘날의 피지의 정치를 특징짓고 있다는 점에서 이러한 균열구조가 형성된 전개과정과 맥락에 대한 이해는 우선적으로 필요한 부분이다.

피지의 인도인들은 빅토리아[Victoria] 여왕 시기(1834~1901)의 영국 식민시대에 추진된 자유이민자와 계약노동이민자의 후예들이다. 당시 노예무역금지와 이를 대체한 쿨리[Coolie]무역이 활성화된 19세기 중후반의

---

5 남태평상의 국가들에서 빈번하게 나타나는 사회적 갈등은 상호 간에 내재해 있는 이질성과 깊은 관련이 있다. 이질성은 도서국가 일반에서 나타나는 공간적 격리와 아울러 인종적, 문화적, 언어적 다양성에서 연유한다. 구성원 간의 내적 이질성은 멜라네시아 지역에서 더 강하게 나타난다. 홀츠에 의하면 피지만이 예외적인 모습을 보인다. 그는 피지가 지리학 및 인류학적으로는 분명 멜라네시아에 속하지만 문화적으로는 강력한 중앙집권의 역사를 경험했다는 측면에서 오히려 폴리네시아 지역의 특징을 보인다고 평가한다. 수뇌 족장들 간에 권력투쟁이 계속되던 1871년에 최초의 입헌군주국이었던 피지 왕국이 탄생하였던 것이다. 이 왕국은 비록 모든 부족을 통합하지는 못했지만 강력한 힘을 발휘해 국토의 상당 부분을 장악하였다. 토착인들 내부의 복잡한 내적 이질성이 특징인 멜라네시아의 다른 지역과 달리 피지에서의 갈등은 토착인들 내부에서 발생한 것이 아니라, 피지인과 영국 식민세력이 경제적인 이유로 유입해 온 인도인들 사이에서 벌어졌다는 특징이 있다(김웅진 2009, 67~88; Fraenkel & Grofman 2005, 272; Holtz 2003, 8~9).

세계적인 흐름의 부산물이 남태평양 도서국가 피지에 오늘까지 잔존하고 있는 것이다. 영국 식민정부는 부족한 노동력을 확보하기 위한 방안으로 1878년 계약노동제를 도입해 인도인 노동자들을 피지로 받아들이기로 결정하였고, 그 결과 1879년부터 37년간 6만 명 이상의 인도인들이 대거 피지로 유입되었다. 그 결과 식민통치하의 피지는 세 부류의 인종, 즉 자본과 기술을 소유한 유럽인과 토지를 점유한 원주민 그리고 노동력을 제공하는 인도인이 인위적으로 뒤섞이게 되었다. 이는 이후 피지 사회에 엄청난 정치 경제적, 사회적 파장을 가져왔고 피지의 악명 높은 인종정치$^{Ethnic\ politics}$를 초래한 역사적 배경이 되었다.

영국여왕이 최고의 권위를 지닌 상징적 지배자이고 영국인 총통이 지배하되 피지원주민들인 대추장과 추장들이 지방을 다스리며, 계약노동자로 이주해 온 인도인들은 노예와도 같은 하위 카스트를 형성했다. 이러한 인종의 위계구조는 식민지 기간뿐 아니라 독립 이후에도 더욱 강화되어 유럽인-원주민-인도인들 간의 서열화가 고착되기에 이르렀다(이태주 2011, 141~142). 영국 식민당국이 사탕수수밭 농장노동자로 인도인을 유입한 이후 인도인들의 수와 경제적 비중은 점차로 커져 피지사회는 점점 사회적 갈등구조를 잉태하기 시작했다. 피지는 독립한 후에도 영국 식민당국의 통치유산으로 토지소유권이 피지원주민에게만 주어졌다. 이런 상황에서 이주노동자의 신분으로 피지에 정주하기 시작한 인도인은 관광업을 통해 피지의 경제권을 서서히 장악하기 시작했고, 땅을 차지한 피지원주민과 경제권을 가진 인도계의 갈등[6]은 점점 심화되어갔다(김진호·강병철·김순임 2010, 234). 결국 두 민족은 100여 년

---

6 경제적 힘과 정치적 인정 사이의 간극 속에서 시작된 인도피지언의 저항은 소수 백인 특권층과 원주민 족장들의 야합을 낳았고, 원주민의 인종적 단합을 더욱 부추기는 방향으로 이어졌다. 인종적으로 분절된 이러한 모습은 독립 이후 오늘날까지 이어져 현대 피지 정치질서의 가장 두드러진 특징인 인종정치를 야기하고 있다(김웅진 2009, 122).

이상을 공존해왔지만, 서로 관습과 문화가 판이하여 여전히 인종이 거의 융합되지 못한 상태가 지속되고 있다(김진호·강병철·김순임 2010, 215). 근래의 빈번한 정치적 격변과 첨예한 인종갈등으로 인해 1990년대 이후로 원주민의 비율은 높아지고 있는 데 비해, 정치적 강압에 의한 해외 이주로 정치적 약자인 인도계 주민의 비율이 상대적으로 낮아지고 있는 상황은 피지의 인종정치가 여전히 현재진행형임을 알리는 자료이다.[7]

결국 오늘날 피지정치의 특징으로 정리되는 인종정치와 원주민 헤게모니에 입각한 '족장민주주의'는 바로 외삽적인 근대화 과정을 이끈 영국의 식민통치과정과 불가분의 관계 속에서 형성된 것이다. 피지를 관리하고자 한 고든[Arthur Gordon] 초대 총독이 채택한 플랜테이션[Plantation] 경제를 구축하기 위해 유입된 계약노동자 인도인 간의 인종갈등은 식민시대뿐만 아니라 현대 피지의 정치를 인종정치로 만든 결정적인 계기였다.

나. 영국·프랑스의 공동 식민통치와 바누아투의 언어정치

도서국가 바누아투[8]는 각 섬마다 상이한 사회체제가 존속하고 있고, 100개 이상의 그룹들이 다양한 문화를 온존시키고 있다(Sokomanu 1992, 50). 인종 구성은 멜라네시아계가 98%로 대다수를 차지하고, 프랑스인, 베트남인, 중국인, 비[非]멜라네시아계 태평양 제도 민족이 소수를 이루고 있다. 양대 인종으로 뚜렷이 구분되는 피지와 달리 인구 구성의 측면에서는 원주민들이 절대적인 우위를 보이고 있지만, 영국과 프랑스 두 나라로부터 공동으로 통치받은 독특한 역사적 경험 때문에 바누아투의 주민은 언어·종교·정치면에서 두 계통으로 뚜렷하게 나뉘어져 있다. 이

---

7 http://ko.wikipedia.org/wiki/%ED%94%BC%EC%A7%80.

8 바누아투라는 국명은 1980년 독립 당시 뉴헤브리디즈(New Hebrides)를 개명한 것으로 현지어로는 '우리의 토지'라는 뜻이다.

는 근대질서로 편입되는 과정에서 나타난 바누아투의 역사와 밀접한 관련이 있다. 언어는 혼합 영어인 비스라마^{Bislama}어가 국어로 사용되고 있으나 영국과 프랑스의 오랜 공동통치로 인해 영어와 프랑스어가 공용어로 활용되고 있다.[9] 이질적인 인종 간의 갈등이 피지의 정치를 규정하고 있는 것과 달리, 바누아투의 정치를 상이한 언어권을 배경으로 하는 언어정치$^{Lingual politics}$가 지배하고 있는 연유 역시 바누아투의 외삽적인 근대화 과정과 긴밀히 연관되어 있다.

피지와 마찬가지로 기원전 1500여년 경부터 정주하기 시작한 바누아투 역시 17세기부터 서유럽의 해외팽창과 맞물리면서 외부에 본격적으로 노출되기 시작했고, 피지와 같이 서구중심의 근대질서에 강압적으로 편입되었다. 1606년 포르투갈인 데 끼로스$^{Pedro\ Fernández\ de\ Quirós}$에 의해 발견된 바누아투는 1774년 영국인 쿡^{Cook} 선장을 거쳐 90여 년 후인 1860년대에 장기계약노동자 모집시기를 맞아 급격한 사회변화를 맞이하게 된다. 초기 바누아투에 진입한 유럽인들의 경제적인 목적은 선박 운항과 관련하여 물과 나무의 보급 및 선원의 모집 등 비교적 단순한 것이었지만, 이후 유럽인들은 정주를 목적으로 바누아투 지역에 본격적으로 침투하기 시작했다. 그 과정에서 기독교 선교사들의 역할은 주목할 만한 것이었다(Holtz 2003, 16).

19세기 후반 오세아니아와 남태평양 지역을 향한 프랑스의 맹렬한 진격은 영국뿐만 아니라 오스트레일리아 및 뉴질랜드에 진출한 기업가들에게는 큰 걱정거리가 되었다. 이들은 영국 정부가 강력한 정책을 통해

---

9 특정 공간 내에서 구성원들 간의 동질감을 도모하기 위한 유효한 방법은 공동의 상징을 마련하는 것이다. 그중 공동의 언어는 가장 중요하고 효력 있는 상징이었다(Holtz 2003, 96~97). 전 세계 언어의 약 25%가 남태양 지역에서 발원했을 정도로 남태평양 지역은 언어의 제작소이다. 인종 언어적으로 가장 분열되어 있는 국가는 832개 언어가 있는 파푸아뉴기니이고, 솔로몬군도는 62개 언어, 그리고 바누아투는 109개 언어로 나뉘어져 있다. 영국과 프랑스의 공동 식민통치라는 바누아투의 특수한 경험은 종교 분포도에도 그대로 반영되어 나타난다. 바누아투인 중 36.7%는 장로교, 15%는 영국 성공회, 15%는 가톨릭교, 6.2%는 신흥 종교를 믿는 등 복잡한 모습을 보이고 있다(Fraenkel & Grofman 2005, 265).

프랑스의 진출을 막아줄 것을 강하게 요구하였다. 하지만 1882년 뉴헤브리디즈New Hebrides제도에 인근 프랑스령의 뉴칼레도니아New Caledonia에 근거지를 둔 회사가 설립된 이후 바누아투 지역에서 프랑스의 세력은 급속히 성장해나갔고, 1883년에는 프랑스에 의한 식민지화가 본격화되면서 오스트레일리아는 더욱 깊은 근심에 빠지게 되었다. 결국 20세기 전환기 시점에는 이 지역에 프랑스인들이 영국인보다 2 : 1의 비율로 더 많게 되는 상황이 되었다. 영국과 프랑스의 이익이 뒤범벅된 상태에서 1914년 8월 프랑스와 영국이 섬을 공동으로 관리할 것을 합의한 소위 공동주권Condominium시대가 개막된다.[10] 영국과 프랑스가 뉴헤브리디즈에 건립한 국가형태는 공동정부, 즉 한 지역에 공동의 지배권을 인정하는 것이었다.[11] 1980년 7월의 독립도 영국과 프랑스 양 정부의 동의와 협력 하에 진행되었다.

영국과 프랑스에 의한 공동통치의 경험은 현대 바누아투의 정치에 절대적인 영향을 미쳤다. 멜라네시아 지역에 산재해 있는 도서국가 대부분이 분산적인 사회구조 속에 놓여 있는 것에 더해 바누아투는 근대질서의 형성과정에서 영국과 프랑스 사이의 격한 경쟁이 더해짐으로 해서 다른 국가들에 비해 보다 복잡한 양상을 보일 수밖에 없게 되었다. 이들 식민세력은 바누아투 내에 각각 자국에 유리한 정치지형을 조성하고자 영어계Anglophone와 불어계Francophone를 경쟁적으로 만들었고, 이는 결국 바

---

10 1906년 10월 20일 공동정부 설립이 결정되었을 때 핵심내용은 영국과 프랑스 식민세력의 절대적인 균형(Gleichstellung) 이었다. 이는 모든 사안들이 양국의 합의에 의해 결정되어야 함을 의미했던 것으로 공동정부 형태는 바누아투의 발전을 촉진했다기보다 제약하는 결과를 초래했다는 평가가 지배적이다. 양국의 합의가 협력적이기보다 상호 견제와 경쟁 속에서 이루어졌기 때문이다. 공동주권의 형태는 두 개의 국적, 두 개의 공용어, 두 개의 학교 제도, 두 개의 의료제도, 두 개의 국가(Nationalhymnen), 네 개의 화폐(오스트레일리아 펀드, 프랑스 프랑, 프랑스 태평양 프랑, 미국 달러), 세 개의 법률제도(영국식, 프랑스식, 공동정부의 공동법 체계)의 병존을 의미했다 (Holtz 2003, 24).

11 뉴기니(네덜란드, 영국, 독일), 티모르(네덜란드, 포르투갈), 보르네오(네덜란드, 영국), 사모아(독일, 미국) 역시 서구 열강에 의해 분할되어 공동으로 지배된 경험을 갖고 있다. 하지만 이들 나라들에서는 영토 분할에 기초하여 서구 식민 국가 간에 배타적 지배권이 행사된 반면, 뉴헤브리디즈(바누아투)에서는 영국과 프랑스가 영토 분할이 아니라 한 지역을 공동으로 통치하는 방식을 취했다는 점에서 근본적인 차이가 있다(Holtz 2003, 23).

누아투 내에 상이한 언어에 따른 분열구조, 즉 친영파와 친프랑스파라는 갈등구조를 심화시키는 결과를 초래했다(Sokomanu 1992, 50). 한마디로 유럽인의 등장과 영국·프랑스의 공동정부 수립은 이후 바누아투가 기존에 온존해 온 내재적 문제에 외재적인 문제를 더하는 형태로 사회적 균열구조를 더욱 심화시켰던 것이다.[12] 이런 면에서 피지와 비교할 때, 바누아투는 더 복잡한 사회균열구조를 가질 수밖에 없게 되었다.[13] 이것이 바로 현대 바누아투 정치질서의 분열과 불안정성의 핵심요인 중의 하나이다.

---

[12] 홀츠는 바누아투의 중층적인 분열구조를 네 단계의 역사적 전개과정을 중심으로 정리하고 있다. 첫 번째 단계는 도서국가 바누아투의 전통적인 이중구조로 해안주민과 내륙주민 간의 갈등이다. 두 번째 단계는 유럽인의 침투로 인한 갈등구조의 심화단계이다. 19세기 본격적으로 시작된 유럽인의 진입과 함께 전파된 전염병과 산업화된 인근 지역으로의 강제이주로 인해 인구는 급격히 감소되었고(19세기 초의 100만에서 1935년 41,000명), 유럽인의 무역업과 선교사 진출 그리고 유럽인, 특히 영국인과 프랑스인의 바누아투 지역에로의 정착은 영국과 프랑스의 경쟁(성공회와 가톨릭의 경쟁)으로 이어져 첫 번째 단계의 갈등구조에 또 하나의 갈등구조를 첨가하는 결과를 가져왔다. 프랑스인은 농토 경작을 위해 비옥한 섬 내부에 주로 살았고, 영국인은 주로 그들의 배를 정박할 수 있는 해안가에 정착했다. 상이한 지역적 정주와 종교적 차이로 정리되는 프랑스와 영국 공동정부 아래의 이중구조에서 파생된 갈등은 오늘날까지도 강하게 남아 있다. 세 번째 단계는 식민지 시대 양국의 식민정책의 차이와 관련이 있다. 프랑스의 식민정책이 적극적이었던 반면, 영국은 상대적으로 수동적이고 온건했다. 알드리히(Robert Aldrich)는 이 시기 영국과 프랑스가 대립한 이유를 한 문장으로 표현하고 있다. "일반적으로 영국의 이익은 상업적이고 종교적이었던 반면, 프랑스의 이익은 정착인과 농업에 있었다." 이런 상황에서 독립을 둘러싸고 친영국 세력과 친프랑스 세력 간에 분열이 심해질 수밖에 없었다. 여기에서 역사적으로 누적된 이중구조의 3단계가 분명해진다. 이중구조의 네 번째 단계는 1980년 독립 후의 현대정치에서 진행되었다. 국가와 민족 개념을 중심으로 외삽적으로 도입된 서구 모델과 원주민들의 전통적인 전통질서의 융합물로서의 이중구조가 바로 그것이다(Holtz 2003, 17~28).

[13] 홀츠는 바누아투의 국가 형성과정에 관한 그의 독일어본 저서를 통해 지금의 폴리네시아 지역과 멜라네시아 지역의 상이한 분열구조의 연원을 전통적인 사회구조의 차이에서 찾고 있다. 1만 명 또는 수만 명의 '거대한' 규모로 구성되어 있는 폴리네시아에 비해 멜라네시아 사회는 규모가 작고 분열적인 특징을 보인다고 판단한 그는 폴리네시아 사회는 피라미드식으로 구조화되어 있어 사회구성의 유럽적(근대 시민사회에 기반을 둔 국가형성) 사고에 쉽게 조응할 수 있었던 반면, 멜라네시아의 사회는 수평적이고 분산적이어서 그렇지 못했다고 결론 내린다. 국가 차원으로 응집되어 있지 않는 멜라네시아의 전통적인 사회구조에서 각 개인은 특정의 씨족(Klan)에 소속되어 있고, 씨족은 하나의 신비로운 사람을 공통의 선조로 삼아 운용되는 단선적인(Unilineare) 친족집단(Verwandtschaftsgruppe)을 형성하여 사회의 분절화를 심화시킨다고 홀츠는 주장한다. 다양한 씨족들은 가장 큰 정치적 통합체인 하나의 부족(Stamm)을 만드는데, 이 통합체는 국가적 체계를 갖춘 조직이 아니라 300명 이상이 넘지 않는 작은 마을 수준의 규모에 불과하다. 이것이 현대 바누아투의 균열구조 문제의 핵심을 이룬다고 홀츠는 강조한다. 이러한 사회구조에서 주민들은 소속감과 자신의 정체성을 추상적인 국가라는 차원에서보다 일상생활에서 직접적으로 보다 더 많은 영향을 미치는 하위의 단위(마을이나 섬)에서 찾고 있는 것이다(Holtz 2003, 29~30).

(2) 피지의 정치질서

가. 주요 헌정질서

1970년 10월 10일 독립한 피지는 영국식 정체를 도입하는 것으로 현대국가운영을 시작했다(김진호 외 2010, 233). 하지만 피지의 현대국가 형성과정은 단기간에 완료된 것이 아니라 앞에서 언급한 바와 같이 외부세력과의 오랜 관계를 통해, 특히 96년간에 걸친 영국 식민통치기간 (1874~1970)을 통해 점진적으로 진행되었다(김웅진 2010a, 7). 1970년 독립과 함께 공포된 헌법[14]을 통해 피지는 식민 종주국 영국의 정치모델, 즉 웨스트민스터모델Westerminster Model에 기초한 국가운영을 시작했다. 최고법인 헌법은 정부의 기본구조를 적시하고 있다.[15]

피지는 공화국을 지향하고 의원내각제Parliamentary system를 채택하고 있다. 입법부는 양원제Bicameral system로, 하원House of Representatives은 5년마다 총선을 통해 구성된다. 내각Cabinet의 각료들은 하원의원 가운데에서 총리 Prime minister가 임명하고, 내각이 의회에 대해 책임을 지는 전형적인 의원내각제의 모습을 견지하고 있다. 헌법에 명시된 정치질서에 따르면, 행정부는 국가원수인 대통령과 행정부 수반인 총리가 주도하는 내각으로 구성된다. 특이한 사항은 대통령을 전통질서의 상징인 족장대평의회 Great Council of Chiefs[16]가 지명한다는 점이고, 행정부 수반인 총리는 대통령

---

14 피지는 성문헌법을 갖추고 있으나, 1970년 독립헌법이 선포된 이후로 수차례에 걸쳐 개정되었다. 최근까지 유효했던 헌법은 1997년 7월 25일에 개정되어 1998년 7월 28일부터 발효된 것이었으나, 2009년 바이니마라마(Frank Voreqe Bainimarama)의 쿠데타가 불법이라는 고등법원의 판결이 내려지자 일로일로(Ratu Josefa Iloilo Uluivuda) 대통령이 헌법의 효력을 정지시킨 상태이다(김진호 · 강병철 · 김순임 2010, 215). 현재 새로운 헌법제정 작업이 한창이다. 이러한 상황에서 본 연구는 개정될 헌법에 담길 정치질서 관련 내용은 이전과 근본적인 차이를 보이지 않을 것이라고 판단했으므로 1998년 이후 유효했던 헌법내용을 중심으로 피지의 헌정질서를 분석한다.

15 웨스트민스터모델에 대한 설명은 다양하다. 여기에서는 의회민주주의와 의회주권 그리고 사법부의 독립을 견지하는 거시적인 틀을 의미한다(Mataitoga 1992, 81~82).

16 족장대평의회는 식민시대 이전에는 존재하지 않았던 것으로 영국 식민주의자들이 용이한 통치를 위해 고안해 낸 기구였다. 영국은 간접통치를 위해 영국의 상원과 같은 기능의 족장대평의회를 두고 각 지방의 대추장들을

이 임명하지만, 총선을 통해 의회에서 최다의석을 획득한 정당 혹은 정당연합의 지도자가 지명된다. 총 32석의 상원^{Senate}의원은 국민에 의해 직접 선출되는 것이 아니라 대통령이 건의를 받아 임명한다. 32석 중 족장대평의회는 14석을, 총리는 9석을, 야당 당수는 8석을 그리고 로투마 자치정부는 1석을 각각 건의한다. 족장대평의회가 가장 많은 상원의원을 건의한다는 점은 피지의 전통질서, 즉 '족장민주주의'의 정치적 영향력이 여전히 반영되고 있음을 의미한다.

피지의 고유한 '족장민주주의'와 인종정치의 역사적 근원은 앞의 절에서 설명한 영국 식민시대에서 출발한다. 식민정책에 따라 피지로 건너온 인도인 이주노동자들은 영국인의 착취에 저항해 정치적으로는 동등한 정치 참여권과 경제적으로는 보다 안정적인 임대^{賃貸}농토를 확보하기 위한 투쟁을 시작했다. 하지만 인도피지언의 저항은 역으로 소수 백인 특권층과 원주민 족장들의 야합을 낳았고, 동시에 인도피지언에 대한 원주민의 인종적 단합을 더욱 부추기는 결과를 초래했다. 여기서부터 피지의 인종정치는 보다 더 노골화되기 시작하였다.

이러한 인종정치의 유습은 피지의 현대정치질서에 그대로 계승되어 요소요소에 제도화되어 온존되고 있다. 급격히 성장한 인도피지언 집단의 경제 사회적, 정치적 위협이 증대되자 원주민 지도자들은 원주민 사회에서 강력한 영향력을 행사해온 감리교 계열 기독교 세력의 지원을 받아 선거제도와 의회제도를 포함한 의회민주주의 기제 속에 원주민의 우위가 제도적으로 보장될 수 있는 질서를 정착시키기에 이른다(김웅진 2010a, 19). 결국 1세기에 걸친 영국의 식민통치가 종료된 이후에도 전통

통해 피지를 간접 통치하도록 하였던 것이다. 이런 점에서 독일 이후 족장대평의회의 지속은 곧 식민주의의 연속이라고 해석할 수도 있다. 족장대평의회를 통하여 추장제와 친족구조 및 토지공동체 이념이 온존되고 있다는 점에서 족장대평의회는 피지 전통질서의 수호자로서의 역할을 담당하고 있다고 평가할 수 있다(이태주 2000, 172; 이태주 2011, 142~143).

적인 위계질서는 여전히 대부분의 피지 원주민들과 여타 피지 국민들에게 지대한 영향력을 행사하고 있는 것이다(김웅진 2010a, 20). 이런 점에서 피지의 현대 헌정질서는 근대와 전통질서를 병치한 것으로 정리할 수 있고, 선거제도에서는 이러한 모습을 보다 더 확연하게 발견할 수 있다.

나. 선거제도[17]

남태평양상의 도서국가들은 다양한 선거제도와 정치제도를 채택하고 있다.[18] 때문에 고대 그리스 도시국가 규모의 작은 단위들로 구성되어 있는 남태평양 지역은 선거제도의 특징과 정치적 효과를 파악할 수 있는 '자연실험실'로 묘사되기도 한다. 피지는 1997년 헌법의 일부로 대안투표제(AV)[Alternative Vote][19]를 채택하였고, 구체적인 절차와 내용은 1998년의 선거법에 명시하고 있다. 피지 원주민과 인도계 피지인 사이의 정치적 긴장관계 완화책의 일환으로 도입된 AV[20] 방식으로 1999년 이래 선

---

17 선거제도는 다양한 방식으로 구분할 수 있겠지만, 다수제와 비례제 그리고 이를 혼합한 혼합제라는 세 가지 주요한 유형으로 구분하는 것이 일반적이다. 보다 구체적으로 1997년 현재 전 세계 184개국 가운데 총 91개 국에서 의회선거제도로 채택하고 있는 다수제는 1석 선거구 선거에서 단순 다수 또는 상대적 다수 득표자를 당선자로 결정하여 의석을 배정하는 1위 대표제(혹은 상대다수제: The-Fist-Past-the-Post System)와 과반수의 득표자를 당선자로 결정하는 절대다수제(Majority system)를 기본으로 한다. 현재 사용되고 있는 절대다수제의 대표적인 유형은 2차투표제(혹은 결선투표제: Second ballot system)와 대안투표제(혹은 선호투표제: Alternative vote system)이다. 이 가운데 2차투표제는 1차 투표에서 과반수의 득표자가 없을 경우 2차 투표에서 당선자를 결정하는 방식이며, 대안투표제는 유권자가 투표용지에 후보자에 대한 선호순위를 표시하고, 과반수의 득표자를 당선자로 결정하는 방식으로 과반수의 득표자가 나올 때까지 표를 이양하여 합산한다. 또한 단순다수제가 변형된 형태로 다수의 후보자가 선출되는 다석 선거구에서 유권자에게 의원정수 내에서 복수의 투표권이 부여되고, 득표순위에 따라 의원정수에 상응하여 당선자를 결정하는 블록투표제(Block Vote System)나 소규모의 다석 선거구 선거에서 유권자에게 1표가 주어지고, 상대적 다수를 점한 후보가 당선자로 결정되는 단기비이양방식(Single Non Transferable Vote System) 역시 다수제의 일종으로 분류될 수 있다.

18 태평양 국가들의 선거제도는 식민지 국가들에 의해 절대적인 영향을 받았다. 영국의 식민하에 있던 지역들은 웨스터민스터모델을, 미국령 영토에서는 대통령제를 그리고 명부식 비례대표제와 결선투표제를 수용하고 있는 나라들은 대부분 프랑스에 의해 피식민의 과정을 경험한 국가들이다(Fraenkel & Grofman 2005, 263).

19 대안투표와 관련하여 거론되는 순위선택투표제(Ranked choice voting)는 즉석결선(Instant runoff)이라고도 하고, 영국에서는 대안투표제(Alternative Vote)라고 표현된다. 반면, 캐나다와 오스트레일리아에서는 선호투표제(Preferential Vote)라는 이름으로 명명된다. 미국에서는 대부분 즉석결선(Instant runoff)이라고 표기하지만 샌프란시스코와 알라바마에서는 공식명칭으로 '순위선택투표제'라고 표현한다. 순위선택투표제의 장점으로는 비용절감과 사표발생 감소가 거론된다.

20 남태평양 도서국가와 같은 분열된 사회에 적합한 선거제도와 관련하여 호로위츠(Donald Horowitz)와 렙하르트(Arend Lijphart)의 주장에 주목해볼 필요가 있다. 호로위츠는 인종적으로 이질적인 국가의 경우 대안투표제가

거가 치러지고 있다(Fraenkel & Grofman 2005, 261).

피지의 선거제도에서 무엇보다도 눈에 띄는 것은 선거구가 인종별로 나누어져 있다는 점이다. 프랭켈$^{J.\ Fraenkel}$의 표현에 따르면 원주민과 이민 정착인 후예 사이의 인종갈등으로 조성된 극단적인 양극구조를 보이고 있는 피지는 대표자를 선출하는 데 있어서도 '예약^{Reserved}' 선거구 방식을 통해 원천적으로 인종 간에 '칸막이'를 치는 독특한 제도를 운용하고 있는 것이다(Fraenkel & Grofman 2005, 265). 의석수를 인종 간의 인구비에 따라 비교적 공평하게 나누는 방식의 인종투표제는 독립 이후 변함없이 지속되고 있다.[21] 현행 선거법은 71명 하원의원의 2/3는 인종투표를 통해 뽑도록 하고 있다. 원주민은 23석, 인도피지언 19석, 여타 인종 3석, 로투마 섬사람 1석, 개방의석 25석이 바로 그것이다.[22] 인종투표가 이루어지는 지역^{Communal} 선거구에서는 그들 자신들의 공동체 출신의 후보자들을 위한 투표가 이루어지는 반면, 25개의 개방선거구에서는 인종에 관계없이 모든 시민들이 동등하게 투표권을 행사한다(Fraenkel 2007, xxiv).

피지에서는 총선에 참가하는 투표자에게 각각 두 장의 투표용지가 배부된다. 하나는 인종별로 이루어지는 지역의석$^{Communal\ constituency}$을 위해 그리고 또 하나는 자유투표가 이루어지는 개방의석$^{Open\ constituency}$을 위한

분열적인 사회를 통합하고 안정적인 정치적 구심력을 확보할 수 있는 장점이 있다고 강조한다. 반면, 렙하르트는 비례대표제와 사회세력의 자율성 그리고 권력분점에 기초한 협의주의적(Consociational) 접근법이 갈등을 더 잘 완화할 수 있다고 본다. 피지의 경우에는 호로위츠가 주장하고 있는 주장을 반영한 선거제도가 채택된 반면, 이웃 나라 뉴칼레도니아에서는 렙하르트가 선호한 접근법이 보다 충실하게 반영된 선거제도가 운용되고 있다(Fraenkel & Grofman 2005, 265~266).

21 피지의 현대정치질서의 도입 및 변천과정에 관한 자세한 내용은 김웅진(2009)의 저서 중 V장의 7, 8, 9절 및 VI장 그리고 김웅진(2010a)의 논문을 참조.

22 인종주의에 기초한 이러한 선거제도는 피지 원주민들이 반영구적으로 다른 인종에 대한 수적 우위와 정치적 지배권을 지속할 수 있게 하는 기제로 활용되고 있다는 평가가 지배적이다. 식민지 시기부터 만들어지고 지속되고 강화되고 있는 인종정치는 인도계 주민과 원주민들 간에 넘을 수 없는 장벽과 갈등으로 고착화되어 있으며, 근래의 빈번한 쿠데타는 인도계 피지인에 대한 원주민들의 집단의식과 이해관계 및 정치적 우위를 영속화하고자 하는 피지 원주민들의 정치적 행위로 풀이된다(이태주 2011, 143).

것이다. 전국은 다섯 개의 상이한 선거구(원주민 선거구, 인도피지언 선거구, 여타 인종(일반) 선거구, 로투마 섬 선거구 그리고 개방의석선거구)로 나뉘고, 71개 선거구에서 한 명씩의 대표자를 선출하는 소선거구제이다. 피지의 대안투표제는 일종의 선호투표제이다. 일반적으로 선호투표제에서는 투표자들이 입후보자들에게 선호하는 순서를 직접 적어 넣는다. 첫 번째 개표에서 과반을 얻는 후보가 없으면 가장 적게 득표한 후보자는 두 번째 개표과정에서 제외되고 탈락자가 득표한 것은 투표자가 기입한 두 번째 선호 후보를 확인하기 위해 다시 검표된다. 그럼에도 과반을 확보한 득표자가 나오지 않는다면 다음 단계로 다시 넘어가고 이 과정은 마지막으로 두 후보만이 남을 때까지 반복되어 과반수를 득표하는 후보자를 당선자로 선출하게 된다. <표 2-1>은 2006년 지역의석 선거에서 당선자가 확정되는 과정을 나타내고 있는 것이다. 이 경우에는 결국 제5차 집계결과 총 유효투표수의 과반을 획득해야 하는 요건(1,827표)을 충족한 무소속의 어윈^{Irwin}이 당선자로 확정되었다.

〈표 2-1〉 2006년도 북동지역 일반^{General} 지역선거구 선거결과

후보자 명	소속정당	득표수				
		1차 집계	2차 집계	3차 집계	4차 집계	5차 집계
로빈슨	연합인민당	528	545	561	941	배제
타우아킨	무소속	357	361	배제		
테루비아	피지노동당	383	391	423	배제	
크리스토퍼	SDL	1,467	1,478	1,511	1,547	1,639
빌링스	피지 국민동맹당	289	배제			
어윈	무소속	629	873	1,158	1,165	2,014(당선)

* 주: 무효표, 389표; 총 투표수, 4,042표; 총 유효투표 수, 3,653표
SDL: Soqosoqo Duavata ni Lewenivanua
출처: Fraenkel, 2007, xxv

일반적인 선호투표제 방식에 비해 피지의 선거제도는 몇몇 특이한 점을 담고 있다. 우선 이는 상단부$^{Above-the\ line}$와 하단부$^{Below-the-line}$로 나뉘어져 있는 투표용지에서 발견할 수 있다. 투표용지를 받은 투표자가 상단부와 하단부 두 곳 모두에 기표해야만 유효표가 되는 것은 아니다. 투표자에 따라 상단부에만 의견을 표시할 수도 있고, 상하단부 모두에 각자의 뜻을 표시할 수도 있다. 하지만 상단부와 하단부의 구성내용은 다르다. 상단부에는 투표자가 자기가 좋아하는 정당 또는 후보자 옆에 간단히 체크 표시만을 한다. 상단부만을 이용해 투표자가 간단히 체크하는 것은 투표자의 선호도 순위를 정당 또는 후보자(무소속)가 결정하여 선거관리위원회$^{Elections\ Office}$에 제출하는 것에 동의하고 이에 따른다는 것을 뜻한다. 투표용지의 하단부에는 투표자가 입후보자 가운데 선호하는 순위를 직접 기입하여 완성한다. 하지만 하단부를 작성하는 일은 꼭 해야만 하는 일은 아니다. 대신 각 정당은 자당 후보를 공천하지 않는 선거구에도 정당 및 입후보자에 대한 선호도 순위를 선거관리위원회에 제출해야 한다.

1999년과 2001년의 선거에서 투표의 약 95%는 상단부에만 투표하는 방식으로 이루어졌다. 이러한 결과는 첫 번째 개표과정에서 승자가 없는 선거구의 경우에 정당들이 당선자를 결정하는 데 결정적인 영향을 미치는 결과를 초래한다.[23] 왜냐하면 투표용지 상단부에 간단히 체크하여 투표하는 투표용지 속에 나타나는 후보자에 대한 선호도 순위는 각 정당 지도부에 위임되기 때문이다. 예를 들면 첫 번째 개표과정에서 탈락한 후보자 빌링스^{Billings}의 소속정당이 어윈을 두 번째 선호로 명시했

---

[23] 정당 표 제도(Party ticket system)는 정당 관료에게 선호도 왜곡의 가능성을 제공하는 위험이 있다고 지적된다. 정당 관료들이 투표용지 상단부(Above-the-line)의 표 옵션 제도를 활용해 실제로 투표자의 선호도를 임의적으로 결정할 수 있기 때문이다. 이런 위험성을 방지하지 위한 대안책으로 투표용지에의 정당 표 옵션제의 폐지와 인종 간의 불균형을 바로잡을 수 있는 선거구 재획정 논의가 제기되고 있다(Fraenkel & Grofman 2005, 267).

다면 빌링스에 투표한 대부분의 표는 두 번째 개표과정에서 어윈을 지지하는 표로 계산되는 것이다. 물론 모든 투표자가 상단부에만 의사를 표시하는 것은 아니지만, 실제적으로 90% 이상의 투표자가 상단부만을 활용하는 투표를 행하고 있다는 점을 상기할 때 피지의 대안투표제하에서의 정당지도부의 영향력은 막강한 것이다. 제2차 개표과정에서 다른 후보자들에게로 계산된 탈락자 빌링스의 잔여 투표는 하단부에 순위를 매긴 투표용지와 관련이 있는 것이다(Fraenkel 2007, xxv). 한편 피지 선거제도와 관련하여 흥미로운 사실 중의 하나는 시민들이 유권자 등록을 하지 않고 투표를 하지 않을 경우에는 벌금을 내야 한다는 점이다 (http://www.undp. org.fj/elections/Elections/ law/electoral_act_1998.htm).

피지 대안투표제의 장단점을 둘러싸고 선거제도 개혁논쟁이 치열하다. 가라세(Qarase 2007)는 피지의 기존 대안투표제를 비례대표제로 바꾸자는 제안들에 대해 소수정당의 난립 등을 우려하면서 적극적으로 반대한다. 그는 피지와 같은 다인종·다문화국가에서는 분명하고 명백한 정치적 결과가 만들어지는 선거제도가 절대적으로 필요하다는 점을 강조하면서, 기존제도가 거대정당 중심으로 만들어짐으로써 정국의 안정을 도모할 수 있다는 점을 부각시킨다. 반면에 시와티바우(Siwatibau 2007)는 기존 선거제도는 여성 및 정치적 약자 그룹에게 불리하게 작용한다는 점을 부각시키면서 비례대표제를 도입해야 한다고 역설한다. 그는 비례대표제의 도입을 통해 여성과 사회적 약자를 보다 더 많이 대변할 수 있다고 지적하면서 아울러 피지에서 인종별로 할당된 선거구를 줄이고 보다 많은 선거구가 '개방' 선거구로 되어야 한다는 점을 선거제도 개혁의 핵심으로 부각시킨다.

3. 바누아투의 정치질서

(1) 주요 헌정질서

  인구 23만의 바누아투는 대통령을 국가원수로 하는 민주공화국으로 영국연방The Commonwealth에 가맹되어 있는 나라이다. 83개의 섬으로 구성된 바누아투는 한반도 면적의 약 5.5%로 1994년 이래 행정적으로는 6개의 지역province으로 편제되어 있다. Malampa(Malakula, Ambrym, Paama), Penama (Pentecost, Ambae, Maewo -프랑스어: Pénama), Sanma(Santo, Malo), Shefa (Shepherds group, Efate-프랑스어: Shéfa), Tafea(Tanna, Aniwa, Futuna, Erromango, Aneityum-프랑스어: Taféa), Torba(Torres islands, Banks islands)가 바로 그것이다. 이들 지역은 독립적인 자치권을 가지고 있고, 지방정부는 지방의회에서 다수를 차지한 당에 의해 구성된다.

  1980년 7월 30에 제정된 헌법에 따르면 바누아투 역시 피지와 마찬가지로 공화국을 지향하는 의원내각제 국가이다. 양원제인 피지와 달리 의회는 단원제로 이루어져 있고, 입법부는 4년마다 실시되는 총선에서 선출되는 52명의 의원으로 구성된다.[24] 행정부는 행정의 실권을 갖고 있는 총리와 내각으로 구성되어 의원내각제의 전형에서 일탈하지 않고 있다. 총리는 의회의 절대적인 다수에 의해 선출되고, 내각에서는 특정 정파 소속원이 전체 성원의 1/4을 초과하지 못하도록 내각구성원을 교대로 임명하는 특징을 보인다. 행정부를 이끄는 총리는 의원내각제를 채택하고 있는 국가들의 일반적인 의결정족수와 달리 의회에서 과반수가 아니라 3/4 이상의 동의에 의해 선출된다.

---

24 의회는 의원 3/4 이상에 의하거나 수상의 자문에 근거한 대통령의 지시에 의해 조기 해산될 수 있으며, 이 경우에는 조기 총선이 실시된다(http://www.parliament.gov.vu).

바누아투 역시 피지와 마찬가지로 외형적 모습의 주요 골격은 웨스트민스터모델을 채택하고 있다. 대통령의 역할은 웨스트민스터모델의 핵심인 의회우위의 원칙과 모순되어 보이지만, 실제로 대통령은 대법원이 의회가 헌법을 위반했다는 점을 판결하지 않는 한 의회를 지배$^{Over\ rule}$할 수 없기 때문에 의회우위의 원칙은 견지되고 있는 것이다. 의원내각제를 실행하는 국가 일반과 같이 바누아투의 대통령은 국민이 직접 선출하지도 않고, 단지 제한된 역할만 수행하며, 형식적인 국가원수로 존중되나 권력은 없는 영국에서의 군주의 역할과 유사하다. 5년마다 선출되는 대통령은 선거인단의 2/3 이상의 득표에 의해 선출된다. 대통령을 족장대평의회가 지명하는 피지와 달리, 바누아투에서는 대통령이 의회의원과 지방정부위원회^{LGC}의 의장들로 구성되는 선거인단에 의해 선출된다. 이는 분열되어 있는 국가를 통합하고자 하는 상징적인 의사결정과정으로 풀이된다(Jowitt 1997, 81).

피지와 마찬가지로 바누아투의 현대정치질서에 있어서도 전통적 요소가 완전히 소멸된 것은 아니다. 오히려 바누아투의 전통적인 질서와 관습들은 현대헌법에도 여전히 반영되어 명시적으로 수록되어 있다. 비록 문화와 전통의 많은 부분들이 식민시대를 통해 소멸 내지 약화되었지만, 현대헌정질서를 주조하는 데 있어 전통질서는 여전히 그 영향력을 보이고 있는 것이다. 하나의 단적인 예가 국가족장위원회[25]이다. 이는 헌법 27조와 28조에 근거하여 존재하는 헌법기구이다. 말바뚜마우리$^{Malvatu\ Mauri}$라 불리는 국가족장위원회는 지역족장위원회에 의해 상향식으로 선출되고, 바누아투의 문화 및 언어와 관련된 모든 문제에 관해 정

---

25 National Council of Chiefs. 국가족장위원회의 설립연도는 독립 이전인 1976년으로 거슬러 올라간다. 당시 족장 집단에 대한 의석배분을 둘러싸고 첨예화된 영국계와 프랑스계의 갈등을 해결하고자 하는 방편으로 만들어진 것이 바로 의회 자문기관인 국가족장위원회이다. 의회는 원주민 사회의 관습과 관련된 사안(토지거래와 어업 그리고 축산업)을 심의할 경우 반드시 국가족장위원회의 자문을 구해야 했다. 국가족장위원회는 지금도 여전히 영향력을 유지하고 있다(김웅진 2010b, 275~276).

부에 자문하는 역할을 한다(Jowitt 1997, 81). 특히 전통적 지도자들의 모임으로 지역풍습이 존중되고 토지소유권이 관습적인 선례에 따라 결정되도록 하는 데에는 결정적인 영향력을 행사하는 권한을 가지고 있기도 하다. 이는 피지의 족장대평의회처럼 전통적 정치질서의 상징으로 바누아투에서 여전히 정치적 영향력을 유지하고 있는 헌법조직이고, 100여 개의 언어와 문화로 나뉘어 있는 소국에서 지역지도자들의 결합을 통해 지역 여론주도층들이 지역주민 및 그들의 이해를 대변하기 위한 소통로 Sprachrohr로서의 역할을 담당하기도 하는 기구로 평가된다(Holtz 2003, 99).

비록 서구적인 문명과 종교가 바누아투의 과거를 상당 부분 대체한 것이 사실이지만, 토지배분이나 기존 공동체를 유지하고자 하는 노력 그리고 부족 및 씨족 내의 기존 지원체제 등의 전통적 질서는 여전히 현대 바누아투의 생활에 있어 중요한 역할을 하고 있고, 제도화를 통해 현재도 외삽적으로 이식된 서구질서와 병존하고 있다(Sokomanu 1992, 52~54; Holtz, 2003, 102). 앞서 언급한 대로 폴리네시아 지역에 비해 보다 분산적인 사회구조를 특징으로 하는 멜라네시아 지역 전통의 연장선에 놓여 있는 바누아투 사회는 피지에 비해 훨씬 더 복잡하게 분절화되어 있고 역사적으로도 이중구조가 중층적으로 두텁게 누적되어 왔다.[26] 특히 바누아투 씨족 사회의 관계를 함축하고 있는 빅맨Big Man의 전통은 오늘날에도 여전히 정치문화의 핵심요소로 남아 현실정치의 구체적 영역에 지

---

26 전통적인 분열구조에 더하여 바누아투는 영국·프랑스 양국에 의한 공동통치라고 하는 특수한 경험 때문에 언어·종교·정치 면에서 두 세력의 균열이 확연하다. 바누아투의 정치사회는 영어권과 불어권으로 분리되어 정치적 통합이 난망한 상황이었고, 독립운동도 두 집단의 갈등이 주요요인으로 작용했을 정도였다. 전통적으로 영어권은 독립을 주장(Walter Lini, Kalpokas 등)했고, 불어권은 식민지 통치자들과의 지속적인 연합을 주장 (특히 프랑스)했다. 1980년 독립 이후 1991년까지 바누아쿠당(Vanua'aku Pati: VP)과 영어권이 우세한 리더십으로 바누아투를 장악하였으나, 1991년 12월, 바누아쿠당의 분열과 함께 불어권의 온건연합당(UMP) 소속의 정치지도자 코르만(Maxime Carlot Korman)이 프랑스 언어권의 첫 수상으로 선출되어, 바누아쿠당에서 분리되어온 국민통합당(NUP)과 연합정부를 구성했다. 1997년 11월, 대통령은 의회를 해산하였고, 1998년 3월 6일에는 바누아쿠당의 지도자 칼포카스(Donald Kalpokas)가 수상으로 선출되는 등 이후 현재까지 바누아투는 빈번한 정권교체로 불안정한 정치상황을 연출하고 있다.

배적인 영향을 미치고 있다. 전통적인 빅맨은 누구보다도 자신의 씨족에 대한 의무가 가장 우선이고, 친족관계 역시 대부대자관계[Patenschaften]를 통해 친밀하게 구조화되어 있다. 때문에 바누아투의 정치과정에서 의사결정은 전체 국가의 안녕보다 의사결정행위자의 출신성분과 지역연고가 우선시되어 서구적인 근대질서의 관점에서는 불합리성을 보이고 있다는 비판이 제기되기도 한다(Holtz 2003, 110).[27]

역사적 전개과정의 산물인 분열적인 바누아투의 모습은 의회 내에 난립해 있는 군소정당의 모습으로도 축약되어 나타난다. <표 2-2>는 2008년 9월 2일에 실시된 총선결과를 정당별 득표율과 의석 분포를 중심으로 정리한 것이다. 의회에 진입한 정당 중 24.23%를 득표한 바누아쿠당(VP)이 원내 제1당으로 11석을 차지하였고, 15.66%를 얻은 국민통합당(NUP)이 8석을 배정받아 원내 제2당이 되었다. 온건연합당(UMP)은 7석과 바누아투공화당(VRP) 7석씩을 획득했고, 국민진보당(PPP)과 녹색연합(GC)은 각각 4석과 2석을 확보했다. 3.44%를 득표한 바누아투 노동당을 제외한 나머지 8개 정당은 3% 미만의 지지율을 획득하여 원내에서 1석씩만을 할당받는 데 그치고 있다. 나머지 4석은 무소속 의원들이다.[28] 결국 바누아투 의회에서는 절대적 다수를 차지하는 정당이 없고,

---

27 이와 관련하여 홀츠는 바누아투의 전통적인 빅맨(Big Man)체제의 존속이 정치적으로 부정적인 영향을 미치고 있음을 밝히고 있다. 그에 의하면 빅맨으로 분절된 멜라네시아의 사회구조는 전통적으로 씨족 차원을 넘어서지 못하는 특징을 보이고 있고, 아울러 전통적인 지도자로서의 빅맨은 그의 추종자들과 특별한 관계 속에서 물질적 및 정신적 시혜를 베푸는 역할을 수행한다. 빅맨은 내적으로는 자기의 추종세력을 돌보는 경영자의 역할을 해야 하는 동시에 외적으로는 자신의 지위를 방어해야만 하는 위치에 놓여 있다. 자신의 지위를 굳건히 하기 위해 빅맨은 전통적인 권력유지 방법, 즉 '설탕 빵과 채찍' 전략을 구사한다. 이러한 모습은 오늘의 바누아투 정치문화에도 그대로 반영되어 나타난다. 특정 지역의 정치인은 바누아투 전국을 위해 일하는 대변자로서보다 특정 섬의 대변자로서의 자기 정체성을 부각시킨다. 홀츠는 이러한 긴밀한 사적인 연결고리를 바누아투의 정치적 부패와 연고주의(Klientelismus) 그리고 족벌체제를 낳는 결정적인 요인으로 지목한다(Holtz 2003, 63~64; 96~101).

28 영국과 프랑스의 공동지배의 경험을 가진 바누아투의 정치의 역동은 언어정치, 즉 앵글로폰-프랑코폰의 대립이라는 지형 위에서 전개되고 있다. 독립 이후 정치세력의 이합집산과 정당분화가 있었지만, 모든 원내정당들의 근원이 영어권의 대표세력인 바누아쿠당(VP)과 불어권의 대표세력인 온건연합당(UMP)이기 때문에 상이한 언어에 따른 정치지형의 구획은 여전히 변하지 않고 있는 상황이다. 15개에 달하는 원내정당들 간에 언어적 배경 차이를 제외하고는 정책적, 이념적 차별성이 없다는 점 역시 바누아투의 현대정치가 여전히 언어에 따른

군소정당들이 난립하는 것을 확인할 수 있다. 무소속을 포함하여 총 16 개의 정치세력이 의회에 진출해 있고, 정부 구성과 운영은 정파 간의 복잡한 셈법에 의해 가능하리라는 것은 명약관화하다. 이러한 모습은 바누아투의 선거제도와도 관련되어 있다.

〈표 2-2〉 2008년 9월 2일 바누아투 의회선거 결과

정당	득표수	%	의석
바누아쿠당(Vanua'aku Pati)	9,743	24.23	11
바누아투국가연맹당(Parti national uni)	6,296	15.66	8
온건연합당(Union des Partis modérés)	5,329	13.26	7
바누아투공화당(Parti républicain de Vanuatu)	4,675	11.63	7
인민진보당(Parti progressiste populaire)	1,978	4.92	4
녹색연합(Confédération verte)	1,384	3.44	2
바누아투노동당	1,381	3.44	1
VPRFP	837	2.08	1
셰퍼드동맹당	829	2.06	1
멜라네시아진보당(Parti progressite mélanésien)	799	1.99	1
인민행동당(Parti de l'Action populaire)	795	1.98	1
바누아투가족우선당	730	1.82	1
Namangi Aute	644	1.60	1
나그리아멜(Nagriamel)	546	1.36	1
바누아투국민당	514	1.28	1
무소속	3,723	9.26	4
총계	40,203	100.00	52

출처: http://en.wikipedia.org/wiki/Vanuatuan general election, 2008(검색일: 2011년 10월 1일)

(2) 선거제도

바누아투공화국은 단기비이양식 투표(SNTV)[Single-Non-Transferable-Vote] 제도를 채택하고 있는 나라이다. 선거 관련 이론분야에서 득표율과 의석

균열선에 의해 지배되고 있음을 알 수 있다(김웅진 2010b, 277).

배분의 비례성을 보장하는 선거방식의 하나로 알려진 SNTV를 활용하는 몇 안 되는 국가 중의 하나가 바로 바누아투이다(Fraenkel & Grofman 2005, 261). 바누아투가 이러한 선거제도를 채택하게 된 연유는 바로 역사적 흐름에서 파생된 국내정치의 갈등관계와 밀접한 관련이 있다. 독립 이전에 영국과 프랑스 공동정부는 점점 세력을 확대하고 있던 멜라네시안 친영세력의 독점적 지배를 예방하고, 소수 친프랑스 그룹의 이익을 보장하기 위해 단기비이양식 투표제를 채택했다. 심화되는 사회적 균열구조에서 예견되는 파국적인 갈등을 선거제도를 통해 완화해보고자 하는 의도가 있었던 것이다. 앞서 언급했듯이 인근 주변국인 피지와 뉴칼레도니아와 마찬가지로 바누아투 역시 식민유산에 의해 원주민들 사이의 분열(특히 언어권의 차이에 의해)은 매우 심각했고, 독립시점인 1980년에는 그 정도가 극단으로 치닫는 상황이었다. 1980년대 소수파인 친프랑스 그룹과 전통주의자들에 의해 시도된 정치적 소용돌이는 바누아투가 분단으로까지 나갈 수도 있음을 보여줬고, 이러한 상황에서 수적으로 우월한 친영세력의 입지를 영구적으로 고착화하는 단순다수제(FPP) 대신에 갈등을 완화하고 봉합하기 위해 영국과 프랑스 공동정부는 단기비이양식 투표제도(SNTV)[29]를 타협책으로 합의하기에 이르렀다.[30]

52석의 의원을 선출하는 바누아투에서는 선거구당 1인을 선출하는 피지와 달리 선거구의 크기에 따라 대표자의 수가 달라지는 복합적 선거구제를 운용하고 있다. 전국을 17개의 선거구로 나누고 있는 바누아투는 선거구의 크기에 따라 각 선거구에 한 석 또는 여섯 석의 의석을

---

29 사르토리(Sartori)는 단기비이양식을 비례제의 일종으로 보고 있으나, 노리스(Norris)는 당선자를 단순다수의 방식에 따라 선출한다는 점에 주목하면서 다수제로 분류한다.

30 이질적인 세력 간의 갈등을 봉합하고자 하는 타협책으로 도입된 단기비이양식 선거제도는 바누아투에서 1980년 독립 이후 예상대로 일정한 효과를 거두었다. 하지만 유력 정당들의 내부분열로 1991년 이래로 바누아투에서는 18개의 연합정부가 단명으로 끝나는 정치적 불안정의 시대를 경험하게 된다. 이와 관련하여 트리세(Trease)는 1991년 이후의 바누아투 정치 불안정 요인을 선거제도가 아니라 멜라네시아 지역의 전통적인 빅맨제도가 정치 일선에서 다시 강화되고 재등장하는 데서 찾고 있다(Trease 2005, 296).

상이하게 배분한다. 유권자는 투표장에서 부여받은 한 장의 투표용지에 해당 선거구에 입후보한 후보 중 선호하는 후보자 1인을 선택하여 투표한다. 1인을 뽑는 선거구에서는 가장 많은 표를 획득한 후보자가 당선자로 선출되는 단순다수제의 방식으로 대표자가 확정된다. 하지만 한 석 이상을 뽑는 다석선거구에서는 그다음으로 많은 득표를 한 후보자가 대표자로 선출되게 된다.

투표자가 입후보자 중 선호도에 따라 순서를 정해 기입하는 피지의 대안투표제와 달리 바누아투에서는 투표자가 원하는 후보자에만 한 표를 행사하고, 이를 단순히 집계하여 각 선거구에 할당된 의석수까지의 순위에 든 후보자들을 대표자로 선출하게 되는 것이다. 복수의 대표자를 뽑는 과정에서도 한 표를 행사한 투표자의 의향은 집계과정에서 한 번만 반영되므로 선호투표제의 일반집계방식과 달리 이양되지 않는다. 당연히 의원내각제를 채택하고 있는 바누아투의 행정부는 다수의 의석을 배출한 정당을 중심으로 구성된다. 만일 월등한 다수를 확보한 정당이 없으면, 정부 구성에 합의하는 다수의 정당들에 의해 연합정부가 만들어진다. 4년마다 열리는 총선은 정신병이나 감옥에 있는 사람을 제외한 18세 이상의 모든 시민에게 투표권이 허용되고 비밀투표가 행해진다 (Jowitt 1997, 80).

의회 내에서 불안정성을 막고 응집력을 제고하기 위해, 바누아투에서는 선거가 치러진 이후 일 년 이내에는 총선을 할 수 없게 되어 있다. 합당한 이유로 선거기간 국외에 거주하는 시민들에게는 네덜란드 등의 유럽 선진국 일부에서 실행되고 있는 대리투표proxy를 허용하고 있고, 대통령, 판사, 국가족장위원회 구성원, 공무원 등 영향력을 발휘할 수 있는 사람들을 제외한, 파산 또는 재판 중에 있지 아니한 25세 이상의 시민은 누구나 의회선거에 출마할 수 있다. 투표소는 기본적으로 인구밀도에 의해 배치되나 도서국가의 특징상 지리적 요인이 역시 중요하게 고려된다. 문맹률이 높은 바누아투에서는 특이한 투표용지가 등장하는 색다른 모습을 보인다. 투표용지에는 활자화된 정보 대신에 후보자의 사진이나 각 정당을 표시하는 색과 상징이 표시되어 있다(Jowitt 1997, 82).[31]

하워드 판 트리제^{Howard van Trease}는 1975년 이후의 아홉 번에 걸친 총선에서 나타난 바누아투의 단기비이양식 선거제도의 정치적 효과를 진단하고 있다. 그는 한 선거구에서 다수의 대표자를 뽑는 바누아투의 단기비이양식 선거제도가 종족적으로 이질적인 섬들 간에 나타나는 차이를 무시하고 인위적으로 구획하는 선을 통해 정치적 대표자를 뽑는 데서 나타날 수 있는 갈등의 위험을 피할 수 있게 했고, 투표율과 의석수의 비례성을 보장하는 효과를 나타냈다고 주장한다. 그 결과 중층적으로 분열되어 있는 바누아투에서 소수그룹이 의회에 의미 있는 의석수를 확보하게 되었다는 점을 그는 부각시킨다. 복합선거구를 전제로 하는 단기비이양식 선거제도를 통해 친프랑스 계열의 정치적 소수자들이 바누아투 사회에서 주변화^{marginalisation}되는 것을 예방함으로써 1980년 독립 이후 바누아투에서 친프랑스와 친영국파 그리고 독립이라는 문제가 갈등을 야기하는 주요 의제로 되는 것을 막을 수 있었던 데에는 선거제도가 결정적으로 긍정적인 역할을 하게 되었다는 것이다. 마찬가지로 의회와 지역위원회 수장들의 참여를 통해 통합의 상징인 국가원수가 선출

---

31 물론 서구적인 의미의 형식적인 민주주의 제도의 완비에도 불구하고 바누아투의 민주주의의 실상은 기대만큼 이루어지지 않고 있다. 그 이유에 대해 조윗은 상세하게 분석하고 있다. 그는 바누아투의 정치발전을 가로막는 주요요인을 사회 경제적 그리고 지리적 조건에서 기인하는 지역 간, 특히 도시와 농촌 사이의 정보전달의 불균형 문제 및 교육의 부재 그리고 자유로운 미디어 및 여성의 역할 제한 등에서 찾고 있다. 아울러 바누아투의 전통적인 생활방식인 완톡(Wantok)이 자유로운 정보습득과 자율적인 판단하에 투표행위가 이루어지는 것을 가로막고 있다는 점을 강조한다. 일종의 씨족 의무제도인 완톡시스템은 친척이나 동향인 내지 씨족 출신의 사람들끼리 서로 지원하는 체제를 말한다. 이러한 상호 간의 지원과 지지는 정치적 차원에서 진행되는 투표에까지도 영향을 미치는 문제를 야기한다. 요약하면 바누아투의 선거제도는 형식적으로는 보통선거 등의 민주주의 선거원칙이 확실하게 보장되어 있으나, 정치의식 및 정보전달의 한계 그리고 문맹률 등으로 인해 실질적으로는 민주주의 선거가 실행되지 못하고 있다는 판단이다. 한마디로 전통적인 혈연관계에 기초한 의무체계가 바누아투 정치문화를 비민주적이게 하는 요인이라는 것이다(Jowitt 1997, 79~86).

되는 절차의 제도화는 프랑스어를 사용하는 정치인들의 지위를 보장하는 효과를 가져와 또 하나의 통합적인 선거제도의 면모를 보여주었다는 평가도 일반적이다(Fraenkel & Grofman 2005, 268).

4. 결론

남태평양상에 넓게 분포해 있는 군소 도서국가의 정치 경제적 근대화 과정은 결코 자생적이지 않았다. 이들 나라에서의 근대화 과정은 서구 제국주의의 대외적 팽창의 여파에 따른 소용돌이 속에서 진행되었고, 그 결과는 근대적 요소에 의한 전통적 요소의 완전한 대체가 아닌 절충과 병존이었다. 때문에 남태평양 도서국가의 현대정치질서를 이해하는 데 있어 우선적으로 점검해봐야 하는 것은 서구제국주의 침투 이후 근대화 시기에 진행된 정치 경제적 변화과정이다.

피지의 인종정치와 족장민주주의 그리고 언어권의 분열에 따른 바누아투의 현대정치는 어디까지나 19세기 말에 본격화된 영국과 프랑스의 식민통치의 유산으로, 식민통치의 방식과 유형이 신생독립국 현대정치 체제의 성격을 규정하는 데 지대한 영향력을 행사했다는 점을 확인시켜 주는 방증자료이다(김웅진 2010b, 282). 때문에 이들 나라의 과거에 대한 추적작업은 바로 현대정치질서 이해의 지름길이다. 여전히 진행 중인 피지의 쿠데타나 불안정한 바누아투의 정치현실의 원인은 이러한 역사적 궤적을 구명했을 때만이 정확하게 파악될 수 있는 것이다.

피지와 바누아투는 영국과 프랑스의 식민통치전략에 따라 식민시기에 내부의 대립적(인종 간 또는 언어권별)인 균열선이 의도적으로 병치되어 활용되었고, 독립 후에도 기본골격이 그대로 유지된 채로 '부족민 주주의'라는 독특한 정치기제를 구축하여 나름대로 독특한 현대정치질서를 구축하고 있다(김웅진 2010b, 262). 헌정질서 속에 나타나는 피지의 족장대평의회나 바누아투의 국가족장위원회는 양국에서 전통적인 질서가 여전히 영향력을 행사하고 있음을 알리는 대표적인 정치기제이다. 봉건적인 정치기제로서 불합리성의 대명사로 폄하될 수도 있는 피지의 족장대평의회나 바누아투의 국가족장위원회는 분열된 피지와 바누아투의 사회를 통합하는 기제로서 현대정치질서에서 나름의 역할을 담당하고 있고, 헌정질서의 주요 부분으로 명시되어 있기도 하다. 이런 의미에서 피지와 바누아투의 현대정치질서에서는 전통과 근대가 병존하면서 일정 부분 상호 보족적인 기능을 하고 있음을 알 수 있다.

전통과 근대가 병존하고 있는 피지와 바누아투의 현대정치질서의 한 단면은 선거제도에서도 확연하게 드러난다. 의회 전체 의석 중 2/3를 인종투표로 선출하는 피지의 경우나 복합적 선거구제를 전제로 하는 단기비양식 선거제도를 채택하여 운영하고 있는 바누아투의 경우에 외삽적인 근대화 과정에서 야기된 정치와 사회의 분열구조를 일정 정도 반영하고, 근대정치질서를 활용해 갈등이 고조되는 것을 기술적으로 봉합하려는 고육책을 마련하는 가운데서 고안된 결과물로 여겨진다. 결론적으로 남태평양 도서국가 피지와 바누아투의 현대정치질서는 전통과 근대가 반영되고 병치되어 있는 역사적 산물이고, 현대정치질서 속에서 전통적인 정치질서는 완전 해체되거나 대체된 것이 아니라, 제도적 수용을 통해 현존질서의 운용과정에 영향을 미치고 있다.

········
제3장
피지의 정당분절과 선거공학의 연대기[*]

········

홍재우**

1. 서론: 민주주의와 정치공학

민주주의를 이룩하는 방법은 다양하다. 1990년대 비교정치학은 전 세계 민주주의가 어떤 경로를 겪으며 성취하는지에 대해 지대한 관심을 가졌고 많은 성과를 얻었다. 비민주적 체제에서 민주주의로의 도약은 '이행학'[1]이라는 새로운 조어가 나타날 만큼 일종의 지적 성장산업이었다. 그러나 민주주의에 도달하는 방법뿐 아니라 민주주의를 유지하는 방법 또한 다양하다. 민주주의를 지속해온 그 어떤 나라도 다른 나라와 같은 형태의 민주주의를 갖고 있지는 않다. 따라서 현존하는 민주주의를 분류하고 그 민주주의가 유지되게끔 하는 방법을 모색하는 것 역시 수많은 지적 노력이 축적

---

* 이 장은 『세계지역연구논총』 29집 3호(2011)에 게재된 필자의 논문 「피지의 정당정치와 선거공학: 통시적 분석」을 수정 보완한 것이다.
** 프로젝트 공동연구원, 인제대학교 정치외교학과 교수.
1 Transitology.

되어야 하는 분야이다.

어떻게 민주주의를 운영할 것인가는 민주주의의 원칙을 어떻게 정치, 경제, 사회에 관철시킬 것인가 하는 방법론에 관한 것이기도 하다. 각각의 민주주의는 역사와 문화의 강력한 영향력하에 있기 때문에 현재의 정치를 특정한 형태의 민주주의로 변화시키는 것은 쉬운 일이 아니다. 특히 신생국가, 그중에서도 특히 피 흘려 민주주의를 쟁취한 경험이 없는 새로운 국가, 더구나 이전에 통합된 주권을 지닌 정치체를 유지해본적이 없는 국가 앞에는 여러 가지 난관이 기다리고 있다. 민주주의는 어느 하루에 이루어지는 것이 아니며 피지도 예외는 아니다

그럼에도 보다 신속하게, 보다 안정적으로, 보다 평화적으로 민주주의를 만들려는 시도는 끊임없이 이어져 왔으며 그런 노력 가운데 상당부분은 적절한 정치제도 설계에 초점을 맞춘다. 민주주의의 각 제도를 분류하고 그 효과를 검증하며 그것이 민주주의 전체에 미치는 영향력을 분석한 연구는 다양하다. 그런 연구들이 특히 제도에 초점을 맞추는 이유는 정치제도가 민주주의의 게임의 규칙 자체 혹은 그 규칙이 적용되는 원칙과 세칙을 의미하기 때문이다. 민주주의 제도는 민주적 게임에 참여하는 자들이 그 게임의 밖으로 나가는 것을 막을 수 있어야 하며 동시에 승패에 대한 반복적 기회를 줌으로써 통치에 정당성을 부여할 수 있어야 한다. 다른 말로 하면 정치참여자들의 동의와 함께 민주주의를 파괴할 수 있는 정치적 문제들을 효과적으로 제어할 수 있도록 제도를 설계해야 한다는 의미이다. 제도와 행위가 밀접한 상관관계가 있다는 신제도주의Neo-institutionalism의 입장은 이 같은 정치제도 설계의 필요성과 이론적 근거를 제공한다.

독립 피지의 40년은 전형적인 정치공학의 시험장이기도 했다. 민주주의가 외부로부터 이식된 상황에서 민주주의 사회의 밑바탕인 개인이나

계급이 아닌 종족과 인종으로 나누어진 사회에서 민주주의를 뿌리내리기 위해서는 적절한 정치제도가 필요했다. 그 정치제도는 특정제도가 갖는 단순한 기계적인 효과만이 아닌 그 사회의 정치적 균열과 분절을 고려한 채 작동하는 것이어야 했다. 지금까지 그 실험은 성공적이지 않았다. 피지의 정치제도는 그 역할을 제대로 하지 못해 왔다.

본 장에서는 피지의 민주주의의 여러 제도적 측면 중 선거(제도)에 초점을 맞추어 볼 것이다. 그것은 피지 선거의 연대기를 살피는 것이기도 하며 선거를 둘러싼 각 세력들의 변화와 분절의 역사를 살펴보는 것이기도 하다. 연이은 쿠데타로 종결된 정치적 실험이 어떤 경과를 걸어왔는지 왜 특정한 정치제도가 실패의 길을 걷게 되었는지 살펴볼 것이다. 부분적으로는 이 책의 다른 장과 겹치기도 하지만 선거제도의 효과와 정당질서의 변화 속에서 피지 민주주의가 어떤 도전에 접했으며 어떤 시도와 좌절을 겪었는가를 따라가 보도록 하자.

2. 식민지배의 유산 : 종족분열과 정치적 고착

(1) 영국식민지의 선거제도설계와 인종집단의 구분

식민시절 영국은 피사회의 지배보조기구로서 자문기능의 입법위원회 Legislative Council를 설치했는데 이는 피지배민족의 제한적 협력을 추구한 영국식민주의의 특징 중 하나였으며 식민사회에 이주한 백인집단을 통제하는 한 방법이기도 했다. 이 식민시절 동안 피지인들의 정치적 권한은, 비록 제한된 것이었지만, 종족단위로 명확히 구분되었다. 1904년에 식민당국은 입법의원회 의원 중 족장대평의회 Great Council of Chiefs에서 추천

한 6인 중에 2인을 임명하였고 동시에 7석을 피지에 거주하는 백인남성의 선거를 통해 선출했다. 반면 식민지경제에 노동력을 제공한 인도계는 초기에는 형식적으로도 전혀 대표되지 않았다. 영국은 식민지 내에서 인종적 갈등이 가져 올 불안정성에 대해서 분명 인식하고 있었던 것으로 보인다. 그들은 정치적 대표가 각기 다른 공동체에 기반을 두어 그들만을 대의하는 것이 "자연스럽고, 동시에 바람직한" 것으로 보았으며 식민이나 그 이후나 국가가 공동체 사이에 조정자 역할을 할 수 있을 것으로 기대했다(Lal, 2006; Lawson 1996). 이는 영국의 전통적인 다수제적 정치시스템과는 차이가 나는 것이지만 상하양원을 계급으로 구분한 사실로 미루어 그들에게 완전히 새로운 사고방식은 아니었다. 그러나 이런 집단들 사이의 정치적 분절을 형식화한 이유는 근본적으로는 이런 분할통치가 식민지배에 보다 효율적이었기 때문이었다. 또한 피지에서 인도인은 식민지배의 필요성 때문에 영국이 들여온 인종집단으로 식민당국은 이들을 토착 원주민과 분할시키며 정면충돌하는 것은 피하게끔 했다.

하지만 인구수와 경제력으로 인도계의 영향력이 사회적으로 강해지자 1917년부터 총독은 입법평의회에 1인의 인도계 대표를 임명하기 시작했다. 1929년에 와서는 부유한 인도계 엘리트들에게 선거권을 허용하여 3명의 의원을 선출직으로 채웠다. 여전히 원주민 대표는 족장대평의회를 통해 3명이 임명되었다. 1937년에 이르면 피지인의 입법위원회 참여가 확대되어 원주민 대표 5명(족장대평의회 임명)과 인도계 대표 5명(선출직3, 임명직2)이 입법위원회에 소속되었다. 전후인 1954년에는 유럽계, 인도계, 원주민이 동수의 의석을 배정받았는데 선출방식은 집단마다 기존의 방식을 따라 유럽계는 모든 성인남성에게, 인도계는 부유한 엘리트들에게만 선거권을 허용했고 원주민은 족장대평의회에서 임명했기 때문에 여전히 일반 원주민은 선거권을 갖지 못했다. 원주민에 비해서 인도계가 먼저 투표권을 획득한 셈이었다. 독립이 가까워진 1963년에는 12석의 선출직을 인도계, 원주민, 유럽인이 각 3석씩 나누어 가졌다(Donnelly et al., 1994; 김웅진 2009). 식민 말기인 1965년에는 식민 정부의 헌법개정으로 인해 입법위원회 40석 중 원주민계가 14석, 인도계가 12석, 유럽계가 10석, 당연직 의원이 4석을 차지했다. 이중 9석의 인도계와 9석의 원주민계, 그리고 7석의 유럽계가 독립을 바라보는 1966년 선거를 통해 선출되었다. 이때가 되어 비로소 일반 원주민들은 선거를 통해 대표를 뽑을 수 있었다.

이처럼 식민시대부터 시작하여 피지의 대의제는 종족공동체를 기반으로 나누어졌다. 그러나 탈식민과정에까지 이어진 이런 분할은 종족별로 단순히 의석을 배정하고 권력을 공유하게 하는 간단한 것이 아니었다. 이후 피지정치는 종족 간의 갈등이라는 커다란 축을 중심으로 전개되었으며 다양한 정치 공학적 관점에서 정치제도 특히 의회와 선거제도가 종족중심의 정치를 유지하기 위해 혹은 해소하기 위해 채택되었고 이에 따른 여러 정치적 불협화음과 혼란이 끊이지 않았다. 우선 다음 절에서는 독립 이후 피지의 정치상황의 분절과 이를 공고화한 제도적 실험에 대해서 살펴보겠다.

(2) 탈식민시대 사회분절의 정치화와 종족분할의 선거제도

인도계가 유입되면서 영국 식민당국은 철저하게 종족 분리적인 정책을 시행했다. 실제로 인도계와 원주민들은 거주지, 생업 등 생활공간 자체에서 분리되었고 일상생활에서 양자 간의 관계는 간헐적이었다. 그러나 산업이 발달하고 도시화가 진전됨에 따라 종족 간 대면은 점차 활발해졌으며 노동문제 등에서 종족관계를 뛰어넘는 문제들이 대두되기도 했다(Robertson 2007). 이런 변화와 함께 독립 이후 신생국가 피지가 마주한 다양한 문제는 종족 간 평화와 단합이 필요한 '국가건설^{State building}'의 문제였다.

하지만 신생피지는 이런 문제를 원활히 극복할 제도도 배경도 갖추지 못했다. 종족 간 상호관계가 늘어나고 복잡해졌지만 식민지배의 유산은 이들의 정치, 사회, 경제적 목표를 원활히 연결해주지 못했다. 종족공동체주의^{Ethnic communalism}는 정치생활의 기본이 되었다. 예를 들어 원주민들은 경제적 수익의 다변화와 발전을 위해 제당산업에 대한 과세를 발판으로 삼고자 했으나 전통적으로 제당산업에 종사한 인도계들은 이를 받아들이지 못했다. 피지의 발전은 이들 두 집단의 상호협력을 필요로 하고 있었으나 정치적 구조는 문화, 역사, 제도의 측면에서 영합게임^{zero-sum game}적 경향을 띠거나 분할에 기반을 둔 대립적 공존의 양상을 띠었다.

이 대립적 공존양상은 1970년 독립과 1972년 첫 번째 선거 이후 1980년대 중반까지 계속되었다. 각 종족의 정치적 조직화는 독립 직전인 1960년대 입법평의회 선거과정을 통해 나타났다. 인도계 정치조직들은 1967년 국가연맹당^{National Federation Party}(이하 NFP)의 결성으로 나타났고 원주민계와 유럽아시아 출신 소수파들의 지지를 받는 동맹당^{Alliance Party}(이하 Alliance)은 한 해 전인 1966년에 결성되었다. 1970년 헌법은 종족 간 원활한 공존을 목표로 했다. 인도계는 종족 간 구분이 없는 선거구에서 시행하는 영국식 1위대표제(FPTP)^{First past the post}를 선거제도로 원했으나 원주민들은 종족 간 구분이 명확한 선거구제를 요구했다. 각각의 요구를 반영해 식민시절과 같이 종족선거구제와 해당 선거구에서 1위대표제를 조합한 방식을 받아들였다.

이때 피지가 선택한 선거방식은 좀 더 정확히 말하면 1위 대표제, 종족대표제, 그리고 종족선거구제가 혼합된 방식으로 이해에 약간의 수고가 필요하다. 전체 의석은 52석으로 원주민계가 22석, 인도계가 22석, 그리고 다른 소수인종이 8석을 배정받았다. 그러나 이들이 모두 각 세 선거구에서 선출되는 것은 아니다. 전체 52석 중 27석은 세 집단의 독자적인 선거구에서 선출되었는데 원주민 선거구가 12개, 인도계 선거구가 12개, 일반투표자General voters라 불린 소수인종 선거구가 3개였다. 나머지 25석은 일종의 혼합선거구General communal constituency2에서 선출되었다. 여기서 뽑히는 의석은 각각 원주민 10석, 인도계 10석, 소수인종 5석이었다. 혼합선거구에서는 유권자 1인이 3표씩 갖고 원주민 후보, 인도계 후보, 소수인종 후보들에게 각각 투표했다. 물론 종족조건은 후보자에만 해당했고 정당에는 해당하지 않았다. 원칙적으로 정당은 후보자를 각 종족으로 내는 한 모든 선거구에 공천할 수 있었다.

이런 의회구성과 선거방식은 대단히 타협적인 선거방식이며 실재하는 정치질서를 철저히 염두에 두었다. 종족 간 분할이 현존한다는 것을 인정하면서 동시에 종족집단중심주의의 폐해를 약화시키려는 이중적 노력이 투영된 것이었다. 모든 의석을 종족별로 나눈 것이 그 첫 번째를 감안한 것이며, 혼합선거구에서 모든 투표자가 각기 다른 종족대표를 선택할 수 있도록 한 것은 두 번째 이유 때문이었다. 어떤 측면에서 이것은 레이파트A. Lijphart가 주장하던 협의제주의Consociationalism와 호로위츠D. Horowitz가 주장하는 구심주의Centripetalism의 타협같이 보인다. 그러나 사실상 협의제주의적 성격이 강했는데 그 이유는 혼합선거제에도 불구하고 정당들은 각 종족집단 내에서 강한 경쟁의 필요성, 즉 종족적 차별성과 종족 내부의 단합을 추구할 필요를 느꼈기 때문이다.[3] 종족을 가로지르

---

2 혹은 National constituency.

거나 탈종족적인 이슈에 대한 주장은 정치적으로 부수적인 것이었다. 따라서 종족집단중심주의를 제한하려는 시도는 매우 제한적이었다.

1972년 이후의 선거는 이 상황을 잘 보여준다. 양대 정당인 Alliance와 NFP의 경쟁에서 Alliance가 보다 우월했다. Alliance는 원주민과 소수인종계의 지지를 받았고 NFP는 인도계에서 많은 지지를 받았다. 그러나 Alliance는 혼합선거구에서 인도계의 지지를 일정 정도 확보했는데 이런 까닭에 1980년 중반까지 집권할 수 있었고 국부로 추앙받는 마라$^{K.\ Mara}$는 몇 번의 정치적 위기와 단절 속에서도 수상으로 장기간(1972~1992) 집권할 수 있었다. 그러나 두 정당은 근본적으로 원주민과 인도계에 지지의 뿌리를 두었을 뿐 아니라 각 종족집단을 볼모로 종족 내의 단합을 계속 호소하는 전형적인 종족정치의 양상을 보였다(Robertson 2007, 252). 즉 종족 간 경쟁을 앞세워 실질적인 정치적 경쟁은 종족내부를 단일하게 장악하고자 하는 경쟁으로 나타났다. 혼합선거구의 종족 교차적 투표의 제도적 성격은 Alliance의 집권을 도왔지만 매우 제한적이었다.

1977년 선거는 종족 내부의 경쟁이 타 종족에 대한 적대로 나타나는 상황을 잘 보여준다. 인도계의 본국 송환을 주장하는 극단주의적 피지 국가당$^{Fijian\ Nationalist\ Party}$은 의석획득에는 성공적이지 못했지만 원주민의 표를 분할했고 Alliance는 2석 차이로 다수당의 위치를 잃고 만다. 그러나 2석을 더 얻은 NFP도 무슬림과 힌두계의 내분으로 인해 정권을 인수하지 못했고 원주민계 총독(영연방국가에서 국가원수를 대리한)의 간섭으로 재선거 끝에 Alliance는 다시 정권을 잡게 된다. 1977년의 경험은 원주민들과 Alliance에게 종족 내 통합이 정치적으로 얼마나 중요한가를 깨닫게 하는 계기가 되었다. 재선거 당시 Alliance는 인도계의 통치에 대한

---

3 그러나 실제로 협의제주의적 정치결과를 만드는 것은 아니었다. 협의제주의는 다종족이나 이들을 대표하는 정파가 참여하는 연립정부의 상시적 형성을 가정한다. 하지만 피지의 경우에는 각 종족이 정치적으로 대표되도록 제도를 설계했지만 권력은 한 정파가 장악하는 다수제적 성격의 결과가 나타났다.

두려움을 앞세워 원주민의 표 분산을 막았다. 외부적으로는 "피지인의 지상권Paramountcy of Fijian interests"4이 더욱 강조되었으며 인도계를 피지인이 아닌 외국인으로 간주하게 되었다(Robertson 2007, 254). 한편 NFP도 분열에서 벗어나지 못했으며 1980년대 초의 경제적 상황의 악화는 인도계에서 친기업적이었던 NFP의 위상을 추락시켰다. 이런 빈 공간에 등장한 것이 피지노동당Fijian Labour Party(이하 FLP)이었다.

　FLP는 1985년 노동조합들의 지지를 받아 결성되었다. 초창기 FLP는 종족중심의 정당이었던 NFP와 Alliance에 대한 다인종적 대안임을 주장했다(그러나 FLP의 중심 지지세력은 인도계였다). 이후 커다란 변모를 겪지만 이때 FLP는 인종이 아닌 이슈가 정부선택의 기준이 되어야 한다고 주장했다. 노동자 기반의 FLP의 등장은 피지사회에서 종족공동체주의에 매몰되어 외면받아 왔던 사회, 경제적 문제에 대한 관심이 정치적으로 부분적으로나마 표면화되었음을 의미하는 것이었다. 그러나 1987년 선거를 앞두고 FLP는 양 종족정당에게 정면으로 도전하기보다는 인도계였던 NFP와 전략적으로 제휴를 하게 된다. 이들의 연합은 FLP가 주도한 노동문제에 대한 이슈를 성공적으로 제기해 수도인 수바를 비롯한 개방선거구에서 좋은 성과를 거두었다. 이 두 정당의 연합은 전체 득표에서는 졌지만 의석수에서 근소한 차이로 Alliance를 물리치고 승리한다.

---

4 소위 "원주민의 지상권"은 피지에 고유하게 살던 원주민이 피지를 정치적으로 통치할 권리를 천부적으로 부여받았다는 원칙으로 오늘날까지 원주민과 인도계의 갈등을 상징적으로 나타내는 개념이다.

정당	득표수	득표율(%)	의석	의석비율(%)
Alliance	484,543	49.46	24	46.15
NFP–FLP	461,056	47.07	28	53.85
FNP	14,484	1.48	0	0.00
기타*	19,524	1.99	0	0.00
합계	**979,607**	100.00	52	100.00

출처: Nohlen et al. (2001), 653.

1987년 선거는 이중적인 의미를 갖는다. FLP의 등장은 기존의 종족기
반 정치의 상징적인 변화를 의미했다. 종족분할을 강제한 정치적 제도
의 압박 속에서도 사회적 변화는 다인종정치의 가능성을 열었다. 그러
나 현실적으로는 인도계로의 정권교체로 받아들여졌다. 원주민에게 선
거결과는 "피지인의 지상권"이 더는 안정적으로 보장받지 못한다는 것
을 의미했다. 이런 원주민의 위기감은 선거 한 달 후인 1987년 5월과 9
월 람부카$^{S. Rabuka}$가 이끄는 쿠데타로 이어졌다. 쿠데타 이후 피지는 영
국여왕을 국가원수로 하던 형식적 영연방국가에서 벗어나 공화국의 수
립을 선언하였고, 람부카는 피지당$^{Soqosoqo\ ni\ Vakavulewa\ ni\ Taukei}$(이하 SVT)[5]을
결성하여 정치적 주도권을 행사하였다. Alliance의 수상이었던 마라는
1992년까지 수상직에 머물렀지만 Alliance는 해산되고 말았다. 실제로 이
시기 피지 민주주의는 중단된 상황이었고 다종족 정치의 가능성은 강력
한 종족주의의 도전 앞에 무기력했다. 1987년 쿠데타 직후 인도계는 현
실적인 위협에 직면했다. 이들에 대한 사회적 압력이 강해졌고 불안감
을 느낀 1만 2천 명의 인도계가 피지를 떠났으며 제2차 세계대전 종전
이후 처음으로 원주민이 인도계보다 많은 인구를 갖게 되었다.

SVT가 주도한 새로운 1990년 헌법은 식민지 후반부터 지속되어 오던

---

5 Fijian Establishment Party.

사회적 균열구조와 분화의 복잡한 동학을 극적으로 단순화시키려는 시도였다. 즉, "피지인의 지상권"을 다시 확립하며 원주민 중심의 정치를 강제했다. 각 집단을 가로지르는 통합적 정치보다는 원주민을 우위에 둔 종족 분할적 정치가 법제화되었다. 의회는 인구편차를 무시하고 원주민에게 지나치게 유리한 의석분포를 갖게 되었다(<표 3-2> 참조). 1990년 헌법에 의해 열린 1992년 선거에서 SVT의 집권은 형식적으로나마 종족 간의 연합을 표방한 이전 원주민계의 Alliance의 집권보다 내용상 과격한 것이었다. 1987년 선거와 쿠데타는 원주민계가 이후 불리한 정치적 변화가 나타날 때마다 쿠데타라는 비민주적 방법에 호소하게 되는 계기를 만들었다.

3. 종족정치의 선거공학 : 시도와 장애

(1) 헌법검토위원회(CRC)의 제도설계

1997년 헌법은 1990년 헌법체제의 인종차별적 성격에 대한 국제사회의 점증하는 압력과 내부갈등에 의해 만들어진 것이었다. SVT와 람부카의 원주민 중심주의 체제도 피지 내부의 정치 사회적 변화를 막지 못했으며 무엇보다 경제적 위기를 극복할 힘을 만들어내지 못했다. 람부카는 결국 인도계인 NFP와도 협력관계를 구축하려 했는데, 이는 1970년 체제를 뒤엎은 1987년 원주민 중심의 종족정치가 실패임을 보여주는 것이었다. 1990년대 중반부터 피지의 정치사회를 재구조화하기 위한 정치공학적 시도가 시작되었다. 이들은 단순히 원주민 지상권에 기반을 둔 정치도 또 과거와 같이 종족분할정치의 복원도 바람직하지 않은 것으로 보았다.

이런 시도 중 주목할 것은 1994년 설치된 헌법검토위원회^{Constitutional} $^{Review Commission}$(CRC)의 활동이다. CRC는 전국적으로 다양한 공청회를 개최하고 미국, 호주, 남아프리카, 말레이시아, 영국, 모리셔스 등의 전문가들과 협의 끝에 1996년 *Fiji Islands: Towards a United Future*를 발표하였다. 이것은 피지의 종족갈등에 대한 정치 제도적 해결책을 종합적으로 제시하고 있어 매우 주목할 만한 문건이다. CRC의 방안은 다종족정치$^{Multi-ethnic politics}$의 구성을 목표로 하고 있으며 매우 분명하게 구심론적^{Centripetalist} 방법이 피지와 같은 종족적으로 분열된 사회의 민주주의를 위해서 유효하다는 입장을 취하고 있다. CRC는 이를 구축하기 위해 새로운 선거제도의 도입이 매우 강력하고 효율적인 수단이 될 수 있다는 점을 인식하고 다양한 선거제도를 검토하였다. 그 결과 비종족적 다석 선거구에서 시행되는 대안투표제$^{Preferential-Alternative System}$를 최종안으로 채택하였다. 다인종 선거구에서 경쟁하는 정당들로 하여금 보다 온건하고 중도적인 노선을 취하게 하고 종족 간 경계를 넘나드는 협력이 가능하도록 하자는 취지였다. 즉, 원심력이 작용하는 권력분점 중심의 방법에서 다원적 경쟁이 가능한 형태로 정치구조를 개혁하되 다수제주의가 갖고 있는 문제를 회피하기 위해서 중선거구와 선호투표제를 같이 채택하기로 했다.

(2) 대안투표제

피지가 인종중심의 정치에서 탈피하고자 채택한 대안투표제^{Alternative} $^{vote system}$에 대해서 좀 더 자세하게 알아보자. 대안투표제는 1870년대 웨어$^{W. R. Ware}$가 처음 고안한 것으로 알려져 있다. 1893년 오스트리아 퀸즐랜드 주 의회에서 처음 채택되었으며 1918년 오스트레일리아 의회에서 채택되어 유명해졌다. 현재는 오스트레일리아 하원과 아일랜드 대통령 선거에서 사용되고 있다. 대안투표제는 말 그대로 유권자에게 가장 선호하는 후보 이외에 대안까지 묻는 방식이다. 피지가 이 제도를 고려한 배경에는 다른 남태평양 국가와 마찬가지로 오스트레일리아의 정치, 사회적 영향력을 무시할 수 없을 것이다. 게다가 두 나라는 모두 구 영국 식민지로 커먼웰스$^{Commonwealth\ of\ Nations}$6의 구성원이다.

가장 보편적으로 이해되는 선거방식인 1위대표제(FPTP)에서 투표자는 단 한 명의 후보를 선택한다. 한 명의 후보에게 'Yes'를 나머지에게는 'No'를 표한다는 점에서 범주형 투표$^{Categorical\ ballot}$라 할 수 있다. 반면에 대안투표는 투표자들이 후보자에 대해 순위를 부여하는 선호형 투표$^{Preferential\ ballot}$라 할 수 있다. 다수제 투표방식이면서 과반수의 지지를 구축한다는 점에서 절대다수-선호투표제라고 불리기도 한다. 후보자 전체의 선호순위를 밝힌다는 점에서 대안투표제 자체가 선호투표를 의미하는 것이지만 다른 다양한 선호투표제와 구분하기 위해 대안투표제라는 이름이 보편적으로 불린다.

오스트레일리아의 대안투표제는 1석 선거구에서 사용된다. 투표자는 후보자의 선호순위를 표시하는데 후보자의 숫자만큼 선호순위를 밝힌다. 예를 들어 5명의 후보가 출마했다면 후보자 이름 옆의 박스에 1번부터 5번까지 선호순위에 따라 모두 표시를 한다. 순위를 빼 먹거나 모두 채우지 않았다면 그 표는 무효표가 된다. 실제로 모든 선호를 다 적지 못해서 무효표가 되는 경우가 종종 있지만 이런 강제규정을 두는 것은 이양불가능표$^{Non-transferable\ ballots}$를 줄이기 위한 것이다. 투표가 끝나면 제

---

6 구 영연방.

1선호 순위의 표를 모두 합산한다. 제1선호 순위의 표 중에서 과반수를 차지한 후보가 있으면 그 후보가 당선된 것으로 확정한다. 그러나 과반수를 얻은 후보가 없으면 가장 적은 표를 얻은 후보의 표를 제거하면서 그 후보가 얻은 표에 표시된 2선호에 따라 표를 나머지 네 명의 후보에게 이양한다. 이 이양된 표와 나머지 네 후보가 얻은 1선호 표를 더해서 과반수를 얻은 후보가 나오면 그 후보가 당선된 것으로 확정한다. 그러나 이 과정을 거쳐도 당선자가 없으면 남은 네 후보 중에서 다시 마지막 후보를 탈락시키며 동일한 이양과정을 거친다. 이 과정을 과반수 득표 후보가 나올 때까지 반복한다. 이론적으로는 마지막 두 후보가 나올 때까지 이양과정이 반복될 수 있다. 이 제도의 목표는 정치적으로 과반수의 지지를 확보한 당선자를 냄으로써 민주적 정당성을 강화하자는 데 있다. 즉, 가능한 많은 사람들의 선호구조를 최종결과에 반영하자는 것이다.

대안투표제는 지금까지 몇 가지의 장단점이 있는 것으로 알려져 있다. 첫째, 언급했듯이 결선투표제와 같이 과반수 후보를 만듦으로써 인해서 소수대표의 단점을 상쇄할 수 있다. 이런 까닭에 결선투표제 승자와 같이 대안투표제의 승자는 "만들어진 다수$^{Manufactured\ majority}$"에 의해서 선출된다. 둘째, 결선투표제가 1차와 2차 투표 간의 시간적 차이 그리고 많은 비용이 드는 데 비해 대안투표제는 이를 단 한 번에 실시한다는 측면에서 매우 효율적이다. 이런 까닭에 일부에서는 즉시결선투표제$^{Instant-run-off\ system}$라고 부르는 경우도 있다. 셋째, 비례제를 거부하는 이들이 많이 주장하는 것이 비례제가 갖고 있는 지역대표성의 미흡문제이다. 지역구에서 선출되는 의원들이 지역대표성이 높고 유권자들과 더욱 친밀하기 때문에 응답성과 책임성이 더 강하다는 주장인데, 대안투표제는 이런 문제를 피해갈 수 있다. 넷째, 선호투표의 취지상 투표자의 의도가 다른 범주형 투표에 비해서 훨씬 명확히 반영된다는 장점을 꼽을 수 있다. 다섯째, 1위대표제를 채택한 국가에서 현실적으로 가장 쉽게 채택할 수 있는 대안이다. 제도변화가 급격하거나 제도가 복잡할 경우 그 정치적 결과를 쉽게 판단하기 어려운 경우가 많다. 따라서 대안투표제는 비교적 이해가 쉬운 방법으로 기존의 1위대표제를 적절히 대치할 가능성이 크다. 마지막으로 정치적 선택의 질과 정당정치가 훨씬 공고화된다. 즉, 투표자들이 정치적 정보에 보다 관심을 기울이게 된다. 자신이 지지하는 정당에 대한 무조건적 지지뿐 아니라 다른 선호순위를 밝히기 위해 정당 간 차이에 관심을 기울이게 된다. 또한 이를 바탕으로 정당은 다른 정당과의 상호관계를 보다 명확히 하게 되고 전략의 수립이나 정책형성에도 도움을 받게 된다.

대안투표제는 몇 가지 단점도 있다. 우선 다수제 투표이기 때문에 불비례성이 여전히 높다. 선호도를 최대한 반영하지만 선호를 표현할 뿐 실제 그 결과가 의석으로 연결될 가능성이 적기 때문에 불비례성은 다른 비례제에 비해 여실히 떨어진다. 지역적 지지기반이 중요하다는 점에서는 1위대표제와 큰 차이가 없다. 오스트레일리아의 경우 제1선호 득표율과 의석률이 불일치하는 경우가 많다. 득표율이 낮은 정당이 보다 많은 의석으로 집권당이 되는 일도 20세기 후반 50년의 선거를 대상으로 파악했을 때 거의 절반의 선거에서 나타났다(Mackerras 1996). 다른 단점은 각 정당이 지지자들에게 선호순서를 전략적으로 표기하는 방법을 알려줌으로써 선거제도가 갖고 있는 원래 취지를 훼손한다는 비판이 있다. 선호투표제를 채택한 나라에서 흔히 나타나는 경우로 대안투표제보다 조금 더 복잡한 오스트레일리아의 상원투표의 경우에는 투표소 밖에서 각 정당들이 자신들의 지지자에게 "어떻게 투표할 것인가?"를 설명하는 카드를 나눠주기도 한다(홍재우 2008). 피지는 정당에게 선호순위를 위임하는 선택을 하도록 허락하기도 한다. 그러나 투표자의 합리성을 무시하지 않고 더구나 투표자들이 자신들의 정당에게 가장 유리한 선택을 자발적으로 취할 것이라는 점을 단점이라고 보기는 어렵다. 오히려 그에 대한 정확한 정보를 제공한다는 점에서 장점이라고 할 수도 있다.

피지가 대안투표제를 고민한 이유는 위의 마지막 장점과 마지막 단점에 기반을 둔 특징 때문이다. 즉, 선거제도가 단순히 최선호에 대한 가부의 선택만이 아니라 다른 선호까지도 고민하게 하는데 이는 투표자뿐 아니라 후보자와 정당에게도 영향을 미친다. 후보자를 선택함에 있어 투표자들은 다른 대안들에 대한 정보를 취득하게 되며 보다 현명한 판단을 하기 위해 노력할 수밖에 없다. 전통적으로 투표율이 높거나 오스트레일리아처럼 의무투표제^{Compulsive voting system}를 채택한 국가에서 유권자들은 자신의 표가 쉽게 무효표가 되길 바라지 않는다.[7] 따라서 자기의 근거집단(예를 들면 인종집단)이 아닌 후보에게까지 정치적 영향력을 행사할 기회가 생기게 되고 이에 대한 정보를 최대로 습득하려 할 것이라는 예상이 가능하다. 뿐만 아니라 이런 제도는 후보자와 정당들에게 더 큰 영향력을 발휘한다. 특히 정당들은 단순히 개별 선거구에서 상대적 다득표를 목표하는 데 그치지 않고 다른 정당 지지자들의 차순위 선호를 최대한 획득하는 데 관심을 갖게 된다.

(3) 불완전한 제도설계와 제한된 효과: 1999년 의회선거

이런 제도공학은 피지 정치사에서 있어 새로운 것은 아니었다. 앞선 1975년 피지의회의 의뢰를 받은 해리 스트리트^{Harry Street}의 위원회 역시 비슷한 결론을 내렸다(Parliament of Fiji 1975). 스트리트 위원회는 25석은

---

7 1999년 선거 시 피지도 의무투표제를 채택하였다.

종족이 섞인 완전 경쟁의 선거구에서 5석 단위의 STV 방식[8]으로, 나머지 28석은 종족선거구에서 1석 선거구의 대안투표제(AV)로 선출하자고 제안했다. 스트리트 위원회의 제안은 채택되지 않았으나 종족의 경계선을 넘는 정치적 경쟁이 가능해야 온건하고 중도적인 정치가 발흥할 수 있다고 본 점에서 20년 후 CRC와 유사한 결론이었고 이론적으로 더욱 강력하게 중도적 정치를 가능하게 하는 것이었다.

흥미로운 것은 CRC와 스트리트 위원회 모두 종족갈등을 해결하기 위한 대연정과 이를 구현하기 위한 대표적 선거제도로 간주되어온 비례대표제(PR)에 대해서는 아주 분명하게 반대의사를 표명했다는 사실이다 (CRS, 1996, 307, 312; Parliament of Fiji 1976, 13). 그들은 비례제 내에서의 유권자와 대표 간의 연결문제뿐 아니라 비례제가 궁극적으로 정당들로 하여금 당내구조를 다종족화하거나 모든 종족의 이익에 민감하도록 만들 유인을 제공하지 못한다고 보았다. 오히려 비례제를 통해 종족정치가 강화된다고 보았다. 그들이 관심을 둔 것은 소수파의 *대표성*이 아니라 소수파의 *영향력*이었다. 각 소수파의 대표성을 높이는 방식으로 충돌을 줄이는 것이 아니라 각 소수파의 영향력을 줄이는 방식으로 중도적 정치가 가능하게끔 하는 목표를 갖고 있었다. 앞에서 언급했듯이 다수제 선거방식을 채택해왔지만 실제로 각 종족집단이 얻은 의석과 그 집단의 인구 간 비례성은 1970년 이래 높은 편이었다. 일각에서는 이런 높은 비례성이 쿠데타를 일으킨 종족적 이슈와 연관이 있다고 보기도 하였다 (Bohrer 1997, 223). 물론 피지에서도 일부는 아직도 레이파트의 이론적 견해(Lijphart 1967, 1984, 1999)를 따라 비례제 채택을 주장하기도 한다(Suliana Siwatibau 2007). 그러나 이런 비례제를 주장하는 목소리도 비례제가 종족 단위의 선거구를 중심으로 운영되는 것에는 반대를 표명한다.

---

8 Single Transferable Vote System(단기이양식).

레이파트류의 권력공유 방안을 거부한 CRC의 제안은 보다 구심론적 방향으로 "점진적이지만 결정적" 변화를 목표로 하였다. 70석의 하원의석에 대해서는 45석을 15석씩 묶어 종족적으로 복합적인 선거구에 배정하고 나머지 25석에 대해서 12석은 원주민에게, 10석은 인도계에게, 2석은 기타 인종으로 구성된 일반유권자^{General voters}에게, 1석은 로투마 섬의 주민에게 배정하는 것으로 권했다. 상원의 경우 35석 중 28석을 비종족적 경쟁선거구에 배정하자고 했다. 양원은 모두 대안투표제의 변형형태로 선출하는 것으로 했다.

1997년 헌법은 CRC의 권고를 일정 부분 수용하기도 했으나 결정적으로 CRC가 바란 종족적 혼합이 가능한 구심론적 정치형태로부터는 멀어지는 방법을 택했다. 1998년 확정된 선거법에 의하면 하원의석에 관해서는 71석 중에 실제로 다인종 내에서의 개방된 경쟁의석은 25석으로 제한되었고 나머지는 과거와 같이 종족별로 배분되었다. CRC의 방안이 과반수를 경쟁의석으로 채택하는 것에 비해 한층 퇴보한 것이었다. 또한 선호투표제를 채택했으나 단기이양식은 배제하고 대안투표제로 1석 선거구에서만 시행해서 다종족적 유권자로 구성된 각 선거구에서 보다 종족적으로 중도적이고 유화적인 정당을 출현시키는 데 한계가 있었다. 뿐만 아니라 8석 이상의 의석을 얻은 정당을 의무적으로 내각에 포함하게 함으로써 구심론적이기보다는 전형적인 협의제주의적으로 제도를 변환시켰고 어떤 측면에서는 과거로의 회귀이기도 했다.

그럼에도 불구하고 1997년 헌법에 의해 만들어진 선거제도는 <표 3-2>에서 보는 바와 같이 1990년 헌법에서 나타난 원주민에게 불공정하게 기울어진 의석배정을 완화하고 각 정당이 경쟁하는 개방선거구를 두는 진전을 보이는 것도 사실이다. 이런 새로운 제도로 치러진 1999년 선거에서 피지정치는 한줄기 변화의 조짐을 보았다. 각 정당들은 선호투표제를 앞두고 미리 연립 파트너를 구성하였고, 각 연립은 다종족정당과 종족정당이 혼합된 형태로 나타났다.

〈표 3-2〉 선거구 및 의석분포

구분	1997년 헌법	1990년 헌법
원주민 선거구	23석	37석
인도계 선거구	19석	27석
로투만 선거구	1석	1석
일반 선거구	3석	5석
개방 선거구	25석	–
합계	71석	70석

출처: Election office of Fiji (http://www.elections.gov.fj/introduction/how work.html)

피지의 대안투표제는 투표자에게 지나치게 많은 정보인지를 요구한다는 문제를 해결하기 위해 여러 선호투표제 국가가 채택하고 있는 일종의 보완장치를 마련했다. 우선 투표자는 상·하단으로 나눈 선거용지에 상단의 정당이나 무소속 후보자를 하나 선택할 경우 그 정당이나 무소속 후보자가 선정하는 나머지 순위에 동의한다는 것을 의미했다. 하단은 위에서 설명한 대로 모든 후보자에게 직접 순위를 부여한다 (Fraenkel 2007). 1999년과 2001년 선거에서 투표자의 약 95%는 상단에만 투표했다. 정당티켓투표Party ticket vote라고 불리는 이 방법은 사실 다종족의 혼합정치를 추구하는 입장에서 양날의 칼로 작용할 수도 있다. 정당들이 같은 종족 내 라이벌 정당을 제어하기 위해 선호순위를 종족경계를 넘나들며 작성할 경우 구심적 정치현상을 강화할 수 있지만, 타 종족과의 경쟁관계가 치열하고 1987년 이전과 같이 하나의 정당이 하나의 종족을 대표해야 한다는 각 종족의 단합을 강조하는 논리가 나타나면 표가 한 종족 내에서만 이전되고 오히려 종족분할정치가 강화될 수도 있다. 그러나 1999년 선거에서 피지정당들은 첫 번째 선택을 했다.

〈표 3-3〉 1999년 선거연합

인민연합(People's Coalition)		SVT-NFP-UGP 연합	
FLP(피지노동당)	다인종, 인도계 주축	SVT(피지당)	원주민계
FAP(피지조합당)	원주민계 정당	NFP(국가연합당)	인도계
PANU(국가연합당)	다인종, 원주민계 주축	UGP(연합인민당)	유럽—중국계 소수민족
VLV(기독민주당)	원주민계 정당		
FAP는 Ba 주에서 지지를 받는 지역당 성격이 강함. VLV는 선거 이후 연립정부 참여			

〈표 3-4〉 1999년 피지 하원선거 결과

정당	득표수	득표율(%)	의석	의석비율(%)
FLP	231,946	32.21	37	52.11
SVT	143,177	19.88	8	11.27
NFP	104,985	14.58	0	0.00
FAP	72,907	10.12	10	14.08
VLV	70,153	9.74	3	4.23
NVTLP	31,587	4.39	2	2.82
기타*	65,427	9.08	11	15.49
합계	720,182	100	71	100.00

* PANU는 득표율로는 7위였지만 4석을 확보할 수 있었다. 무소속 5석 포함

1999년 선거에서는 새로 도입된 대안투표제 덕분에 선거 전에 일종의 다종족 선거연합이 형성되었다. 가장 놀라운 현상은 람부카 수상의 여당인 SVT와 1987년 쿠데타 이래 적대관계였던 NFP의 선거연합이었다. 여기에는 기타 소수종족을 대표하는 UGP(이후 UPP)도 포함되었고 몇몇 군소정당도 포함되었다. NFP의 경우 1997년 헌법설계 협상의 당사자이기도 했는데 쿠데타로 정권을 내주고 만 람부카와 손을 잡는 전략적 모험을 감수했다. 야당 쪽도 인민연합$^{People's Coalition}$이라는 선거연합을 결성했

다. 여기에는 인도계가 주축이 된 FLP에 원주민계가 주축이 된 FAP, PANU 등이 선거 직전 결합했다. 우여곡절 끝에 설계된 구심적 정치구조화의 시도는 이처럼 불완전하지만 긍정적인 모습도 있었다. 독립 후 처음으로 피지에서 종족경계를 넘나드는 정치적 협력의 모습이 나타난 것이다.

1999년 선거 결과 FLP의 당수 초드리[M. Chaudhry]가 이끄는 인민연합이 승리했다. 초드리는 인도계로서는 최초로 피지총리에 선출되었다. 특히 FLP는 인도계 선거구에 배정된 19석을 모두 석권함으로써 1987년의 짧은 승리기간에 연립파트너였으며 그동안 인도계를 대표해온 NFP를 완전히 제압했다. NFP의 패배는 1987년 인도계가 우월했던 정부를 전복한 쿠데타의 주도세력인 SVT와 선거연합을 맺은 데 대한 인도계 유권자들의 심판 때문이었다. 인도계 내부에서 대표정당의 교체가 발생한 것이다. 한편 FLP는 25석이 배정된 개방선거구에서도 18석을 획득하는 데 성공했다. 1999년 선거는 대안투표제의 다른 영향력도 확인해주었다. 대안투표제가 다수제적 선거방식에 속한다는 사실은 1999년 선거의 높은 불비례성이 분명히 보여주었다. 1선호 투표에서 15%에 가까운 득표를 한 NFP는 단 한 석의 의석도 얻을 수 없었다. 반면 연정 파트너 중 하나인 PANU는 4%에 불과한 득표율로도 4석을 얻는 데 성공하였다. 대안투표제로 인한 득표이양의 덕을 보았기 때문이었다.

사실상 인도계가 주도적이었던 FLP는 과반수를 얻었지만 선거연합에 따라 군소 원주민정당과 연립정권을 구성했다. 헌법이 규정한 내각에 대한 다인종 구성원칙에 따라 8석을 얻은 SVT는 내각참여를 요구했으나 초드리는 이를 거부했다(Robertson 2007). 상당수의 원주민 유권자들은 선거결과를 수용하기 어려워했다. 원주민계 유권자들은 원주민들이 상당히 분열되어 있었던 데 비해 인도계는 전반적으로 FLP 지지로 단합되어 있다고 보았다.

어쨌든 1999년 인도계와 원주민의 연립내각은 진정한 정권의 교체처럼 보였고, 피지는 다종족정치의 의미 있는 변화를 시도했다. 그러나 이것으로 피지의 뿌리 깊은 종족정치가 해소된 것은 아니었다. 사실 전통적인 정당인 NFP, SVT 그리고 UGP의 연합은 승리한 인민연합에 비해 오히려 종족적으로 중도적 성향을 띠었다(The Yellow Bucket Team 2007, 104). 반면 다종족 정당을 표방한 FLP가 오히려 인도계를 강조하는 쪽으로 상당히 돌아섰고 이를 기반으로 한 초드리 정부는 1년밖에 지속되지 않았다. 이에 반발한 2000년 스페이트[George Speight]의 쿠데타는 형식적으로는 실패했지만 궁극적으로 피지의 다종족적 정치문화라는 도전에 심각한 상처를 입혔다.

1999년 선거가 왜 실패한 결론을 불러왔는가에 대해서는 많은 논란이 있다. 정치제도의 한계에 대해 언급할 수도 있지만 동시에 피지를 다인종의 사회로 이끌고 가기 위한 정치적 지도력의 실패를 꼽을 수도 있다. 실제로 초드리는 집권하고 나서 많은 반종족적 개혁정책을 펼쳤으나 실제로는 인도계에 유리하거나 원주민들이 위기감을 느끼는 정책들이 많았다. 제도적 측면에서 본다면 CRC가 제안했던 방향으로 정치개혁이 완전히 시행되지 않았다는 점을 들 수 있다. 선거제도는 여러 가지 하부제도들로 이루어져 있으며 각각은 매우 중요한 역할을 하기 때문에 전체적인 제도효과를 뒤바꿀 수 있는 영향력을 갖고 있다.

일부 학자는 CRC의 개혁안이 제대로 검증될 기회조차 갖지 못했다고 생각한다(Reilly 2001). 특히 오스트레일리아 상원과 같은 티켓투표의 채택은 제도의 특징에 대해서 무지했던 유권자들의 실질적 선택의 기회를 상당 부분 빼앗아 갔고 엘리트들 사이의 협약에 의해서 표가 배분된 셈이 되었다. 앞에서 언급했듯이 티켓투표는 표의 불비례성도 상당히 크게 만들었다. SVT나 NFP는 상당한 1순위 투표를 얻고도 의석의 비율은 그에 미치지 못했다. 의무투표제도 그동안 배제된 집단의 정치적 참여를 강제함으로써 기존 유권자들에게 특정정당에게 유리한 결과가 나왔다는 인상을 주었으며, 1인 1구제를 기반으로 한 선호투표제는 복합적으로 구성된 다종족 선거구를 획정하는 것을 불가능하게 만들었다. 사실상 복합적 선거구는 7~8개에 지나지 않았다.

그뿐 아니었다. 대안투표제 자체에 대한 불만과 문제제기도 나타났다. 인도계가 중심이 된 FLP와 협력한 인민연합에 속한 다른 정당들을 지지한 원주민들은 자신들의 표가 티켓투표에 의해 FLP에게 상당히 이양되자 큰 당혹감과 박탈감을 갖게 되었다. 마찬가지로 단 한 석도 얻지 못한 NFP에 투표한 상당수의 인도계 원주민들도 자신들의 표가 티켓투표를 선택함으로써 SVT로 이양될 것임을 알지 못했다. 티켓투표는 원래 유권자들에 대한 과잉정보인지에 부담을 줄이기 위해 만들어진 것이지만 두 가지 결과를 만들어냈다. 하나는 (비록 선택의 여지는 두었지만) 유권자들의 선택을 제한해서 정당들이 밀실에서 협상에 의해 투표자의 의도를 왜곡할 수 있었다는 것이다. 둘째는 실제로 많은 투표자들이 선거제도가 어떻게 작동되는지 알지 못했다는 점이다. 즉, 자신의 표가 어떻게 의석으로 전환되는지 누구에게 도움이 되는지 충분히 이해하지 못했다는 것이다. 그러나 물론 이들 문제는 단순다수제 이외의 선거제도를 갖는 국가에서 흔히 나타나는 문제로 투표자에 대한 교육, 제도화에 걸리는 시간이 해결할 문제이기도 하다. 게다가 피지의 다른 나라에 비해서 방식이 지나치게 복잡한 것은 아니라는 반론도 가능할 것이다.

이보다 더 중요한 문제는 제도설계가 의도한 결과를 낳았는가에 있다. 이 문제는 그리 단순하게 볼 것이 아니다. 겉으로 보기에 1999년 선거가 일정 부분 종족 교차적 투표결과를 만들어냈다는 것을 부인할 수 없다. 그러나 한 걸음 더 들어가 생각해보면 제도설계와 결과 사이에 예상했던 인과적 구조 또한 예상한 대로 나타났는가라는 문제에 직면한다. 일부 종족 교차적 투표결과가 나왔지만 그것은 집단의 경계를 가로지르는 명확한 균열구조와 이를 동원하고자 하는 정치행위자들의 노선선택 때문이 아니었다. 정당들은 표의 극대화를 위해 종족집단 간 선거연합을 구성했지만 그것이 일반대중의 선호에 기반을 둔 것도 아니었으며 유권자들은 구심적 이론가들이 예상했던 이유 때문에 투표선택을 한 것도 아니었다. 그들은 1위대표제와 똑같은 방식으로 투표했을 뿐이었는데 제도 일부의 기계적 특징(즉, 여기서는 정당 티켓투표) 때문에 의도치 않은 결과가 나왔다는 것이다. 게다가 결과적으로 집권연합이 다종족적인 성격을 제대로 대표하지도 못했다. 이 부분은 권력공유이론에 매우 중대한 해결과제를 던져주는 것으로 이후 이론적 설명과 사례연구가 추가되어야 할 부분이다. 결국 1999년 선거는 하나의 가능성을 제시했지만 그 가능성은 기존의 종족적 정치의 틀을 넘지 못했고 1년 후 쿠데타라는 감당하기 어려운 대가를 지불해야 했다.

(4) 양극화된 2001, 2006년 선거와 쿠데타: 대안투표제의 실패

2000년 5월 19일 일어난 스페이트의 쿠데타는 매우 복잡한 양상을 갖는다. 이 쿠데타의 자세한 정황에 대해서는 이 책의 제4장을 참조하기 바란다. 대법은 쿠데타가 정지시킨 헌법을 2000년 11월에 복원시켰고 쿠데타 이후 성립된 가라세$^{L. Qarase}$가 이끄는 임시정부도 비합법적 정부로 판결했다. 그러나 이 결정이 쿠데타로 망가진 1999년 선거결과를 복원한 것은 아니었다. 쿠데타의 주범 스페이트조차 출마할 수 있었던 2001년 선거에서 임시정부 수상 가라세의 통합피지당(SDL)$^{Soqosoqo\ Duavata\ ni}$

*Lewenivanu*은 격렬한 선거전을 거쳐서 FLP를 꺾고 정권교체에 합법적으로 성공했다.

〈표 3-5〉 2001년 피지 하원선거 결과

정당	득표수	득표율(%)	의석	의석비율(%)
SDL	166,725	25.80	32	45.07
FLP	226,297	35.02	27	38.03
NFP	65,619	10.16	1	1.41
CAMV	64,414	9.97	6	8.45
SVT	35,083	5.43	0	0.00
기타	88,252	13.66	5	7.04
합계	646,138	100.00	71	100.00

출처: Adam Carr's Electoral map (http://psephos.adam-carr.net/countries/f/fiji/fiji2001.txt)

SDL의 승리는 소란스러운 것이었다. 감리교 계열의 기독교회연합^{ACC}의 협조를 통해 선거과정에 임했으며 힌두교 교당이 피해를 입었고 인도계에 대한 폭력적 위해가 공공연히 가해졌다(김웅진 2009). SDL은 과반수의 의석을 얻어 집권에 성공했을 뿐 아니라 원주민의 지지를 받으며 쿠데타 세력이 주도한 CAMV를 무력화하면서도 그들을 파트너로 끌어들였다. 이들은 70% 이상의 원주민 표를 장악했고 1977년 재선거 시와 같이 종족주의적 색채를 강하게 표방했다. 한편 FLP는 인도계를 장악하는 데 성공했는데 다종족의 중도적 성향을 띠기 시작한 NFP를 무력화하고 75% 이상의 인도계 표를 장악했다. 2001년 선거의 결과는 대안투표제가 중도적 성향을 띠는 다종족적 정당의 출현을 만들어내는 데 성공적이지 못했음을 보여주고 있다. NFP와 SVT가 구성한 중도파포럼$^{Moderates Forum}$은 교차투표를 얻어 의미 있는 의석을 얻는 데 실패했다. 집권종족의 차이만 있을 뿐 1999년 선거보다 정치적 양극화는 더욱 강화되었다. 양대 정당의 정책적 지향은 크게 차이가 나지 않았지만 종족정치를 앞세운 이들의 수사는 화합을 어렵게 만들었다. 게다가 1999년에 FLP가 SVT의 내각참여를 받아들이지 않았던 것처럼 SDL은 헌법에 규정된 FLP의 내각참여를 거부했다.

2001년 이후 SDL 정권도 순탄치 않았다. 2005년에는 쿠데타 주범들을 사면하는 「화해·관용·통합 증진법안^{Promotion of Reconciliation, Tolerance and Unity Bill}」을 추진했는데 이는 원주민계 내부의 분열을 막기 위한 것이었지만 FLP의 격렬한 반발을 일으켰다.[9] 특히 2000년 쿠데타가 군부 전체의 의지가 아니라 군부 내의 분파에 의해서 일어난 것이었기 때문에 이 법안에 대한 군부의 저항도 심각한 수준이었다. 2006년 선거 이전에 군부는 자신들의 의견이 무시되면 쿠데타가 재발할 가능성도 있다는 암시를 했으며 무력시위를 벌이기도 했다(Ratuva 2007).

〈표 3-6〉 2006년 피지 하원선거 결과

정당	득표수	득표율(%)	의석	의석비율(%)
SDL	342,352	44.59	36	50.70
FLP	300,797	39.18	31	43.66
NFP	47,615	6.2	0	0.00
NAPF	22,504	2.93	0	0.00
UPP	6,474	0.84	2	2.82
기타*	47,593	6.26	2	2.82
합계	767,695	100.00	71	100.00

* 무소속 2석 포함
출처: Election Office of Fiji http://www.elections.gov.fj/index.html

2006년 선거는 대안투표제로 실시된 세 번째 선거였다. 그러나 결과는 대안투표제가 완전히 실패했다는 사실을 보여주었다(Fraenkel 2007). 1999년 선거에서는 앞서 살펴본 바와 같이 두 개의 다종족 선거연합이

---

9 이뿐 아니라 「어장(/ Qoliqoli)법안」과 「토지판정법안(Land Tribunal Bill)」은 족장들과 원주민에 대한 분명한 지원 정책으로 큰 혼란을 불러왔다.

출현했었다. 2001년 선거에는 성공적이지는 못했지만 중도파포럼이 등장해 양 종족집단의 교차투표와 대안투표가 목표로 하는 득표이양을 기대했었다. 그러나 2006년 선거에는 다종족 선거연합도 다종족주의를 표방한 중도파도 나타나지 않았다. 선거 국면은 오로지 원주민계의 SDL과 인도계의 FLP의 대결로 모아졌다. CMV는 이미 SDL에 흡수되었다. 중도적 입장이었던 NFP와 NAPF[10]는 대안투표제 안에서 전략적이지 못했다. NFP는 인도계를 놓고 전통적 라이벌이었던 FLP와도 집권당이던 SDL과도 득표 이전에 대한 전략적 제휴를 맺지 못했고 각 선거구별로 개별적으로 판단했다. NLP는 NFP가 인도계를 배신했다는 주장을 2001년에 이어 효율적으로 전개했으며 SDL도 NAPF로의 표 분산이 1999년의 위기를 반복하는 것으로 위협했다. 원주민계와 인도계 모두 이들 중도파보다는 양대 정당에 대한 티켓투표를 했고 이들은 효율적으로 중도파들을 제압할 수 있었다.

2006년 양대 정당의 득표율은 84%에 달했고 94.4%의 의석을 점유했다. 연립정부를 통한 권력공유조차 필요 없는 다수제적 상황이 연출되었다. 문제는 그것이 중도파들에 의한 권력 장악이 아니라 정치적으로 양극화된 상황으로 귀결되었다는 점이다. SDL은 23석의 원주민계 의석 전체를, FLP는 19석의 인도계 의석 전체를 차지했고, 개방선거구 25개 중에 SDL이 13석, FLP가 12석을 차지했다. 소수민족에게 배정된 일반의석과 로투마 섬에 배정된 네 개의 의석만 군소정당과 무소속이 차지했다. 19개의 인도계 선거구에서 FLP의 득표율은 평균 81%였는데 이는 2001년의 74.9%에서 상승한 것이었다. 반면 인도계지만 중도적 성향을 띤 NFP의 득표율은 22%에서 14.6%로 떨어졌다. 23개의 원주민계 선거구에서 SDL의 선전은 놀라왔는데 2001년의 평균 50.1%에서 2006년에는

---

10 New Alliance Party of Fiji.

79.9%로 올라갔다. 실질적인 경쟁은 25개의 개방선거구에서 있을 수밖에 없었는데 여기서도 정치적 양극화는 분명해졌다. 15개의 개방선거구에서 SDL과 FLP는 각각 원주민계 유권자의 80%와 인도계 유권자의 80%의 표를 장악했다. 1999년과 2001년에는 18개의 선거구에서 과반수 득표자가 없어 득표이양이 있었다. 그러나 2006년에는 9개에 불과했다. 물론 대안투표제가 정치적 결정에 전혀 의미가 없었던 것은 아니다. 전체 의석수가 작고 개방선거구의 일부는 경쟁이 극심했기 때문에 득표이양이 최종결과에 상당한 영향을 미쳤다. 특히 티켓투표를 거부하고 모든 후보자에게 선호순위를 밝힌 표들이 8%에 달했는데 이들은 경쟁이 치열했던 10개 선거구에서 최종결정에 중요한 역할을 했다. 그러나 역시 양대 정당에 유리했을 뿐 다종적 지향인 중간적 정당에게는 혜택을 주지 못했다(Fraenkel 2007, 282~284).

이런 상황에서 2006년 군부의 또 다른 쿠데타는 한 세대에 걸친 피지의 정치 공학적 실험을 일시 중지시켰다. 현 임시군사정부를 이끌고 있는 바이니마라마^{Frank Voreqe Bainimarama}는 2001년 군부 쿠데타를 진압하고 민정 이양을 했지만 2006년에는 쿠데타로 집권했다. 그의 군사정권은 반인종주의를 내세웠지만 피지사회의 엄청난 비난을 받았다. 군사정부는 민주적 정치경쟁의 복원은 2013년에 가서 이루어질 것이라고 밝혔다. 군사정부는 종족정치를 배제하는 새로운 민주적 정부를 이야기하지만 어떤 방식으로 그것을 만들어나갈 것인가에는 확실한 답을 내놓지 않고 있다. 2006년 쿠데타가 직접적 종족정치의 충돌결과로 만들어진 것은 아니다. 하지만 피지의 종족정치의 내외부가 피지 민주주의의 생존능력을 결정적으로 훼손하고 취약하게 만든 것은 사실이다.

4. 결론: 피지 민주주의 연대기와 미래

　인종 및 종족갈등에 대한 연구가 흔히 범할 수 있는 실수는 집단구분을 정적(靜的)이고 도식적으로 본다는 것이다. 피지의 종족정치는 두 개의 종족 간의 갈등으로 표면화되어 있지만 그리 간단한 구도가 아니다. 주요정당들은 인종적 배경을 갖고 있으나 노골적으로 인종주의를 표방하지는 않는다. 오히려 경우에 따라 노선의 변화를 유연하게 추진하기도 했으며 공식적으로는 다인종주의를 표방하기도 한다. 2006년 선거를 앞두고 SDL은 다음과 같이 선언하고 있다.

> ……SDL은 매우 거대한 텐트다. 그것은 원주민계 피지인뿐 아니라 모든 이들에게도 열려 있다. SDL의 당원들은 다인종적으로 구성되어 왔다. 당에 대한 비원주민계 피지인들의 지지는 증가되어 왔으며 이번 선거에서 그들로부터 보다 많은 표를 얻을 것을 기대한다……[11]

　FLP도 비슷한 노선을 공식화하고 있다. 몇몇 정치인들은 심지어 상대 종족 중심의 정당에서 후보로 나와 원내에 진출한다. 즉, 원주민계가 FLP에서, 인도계가 SDL에서 공천을 받고 당선이 되는 것이고 이것이 종족적 배신으로 간주되지는 않는다. 다인종주의는 피지인들에게 매우 규범적이고 긍정적인 개념으로 공공연하게 논의된다. 그러나 이것은 공식적인 모습일 뿐이다. 실제로 한 걸음 더 깊이 들어가면 양 종족은 집단으로서의 상대방을 크게 신뢰하지 못한다. 원주민은 인도계를 적대적으로 대하고 싶지 않지만 정치적 권력은 원주민에게 있어야 한다고 믿는다. 인도계는 이웃으로의 원주민을 혐오하지 않고 원만히 지낼 수 있지만 국가를 운영하는 능력에 관한 한 원주민을 믿지 못한다. 부정직한 원

---

11 SDL 2006 Manifesto, 8, Yellow Bucket Team(2007), 106에서 재인용.

주민들을 통제하기 위해 강력한 지도자가 있어야 한다고 믿는다(The Yellow Bucket Team 2007, 105). 쿠데타 시기를 둘러싼 양측 간의 폭력적 충돌은 매우 심각한 것이었고 인도계는 대규모 이민을 택할 수밖에 없었다. 인구규모를 고려할 때 종족정치가 계속되는 한 인도계는 영구히 소수로 남을 수밖에 없게 되었다.

선거제도를 통한 다인종정치의 정착시도도 성공적이지 못했다. 초기에는 협의제민주주의와 같은 종족의 분할에 기반을 둔 공존방법을 모색했고 이후에는 구심력적 정치를 추구하는 중도적 정치를 구상했다. 그러나 각각의 방법은 모두 실패했다. 이들 정치제도의 실패 원인을 분석하기 위해서는 이후 보다 본격적인 이론적, 경험적 분석이 따라야 할 것이다.

그렇다면 보다 거시적인 측면에서 무엇이 문제일까? 40여 년 독립공화국의 정당분절과 선거의 연대기는 수많은 정치적 실험과 도전, 그리고 좌절과 낙담을 보여준다. 결국 제도의 설계가 당면 정치적 과제에 직접 칼날을 들이대고 민주주의의 내용적 정착을 도모하지 못했다는 점에서 실패의 원인을 찾을 수 있을 것이다. 무엇보다 피지 민주주의가 대면해온 가장 큰 문제, 즉 개인의 정치, 사회, 경제적 정체성이 모두 종족집단으로 회귀하는 현상을 제어하지 못한 데 있다. 다시 말하면 다양한 이익의 교차로 인해 존재하는, 자유주의를 충분히 소화한 시민적 민주정치가 정치제도의 다양한 시도에도 불구하고 자리 잡지 못했던 것이다. 물론 이것은 신생민주주의의 공통적인 문제이기도 하다. 그러나 "라뚜 ^{ratu} 민주주의"라는 피지의 형식상의 민주주의는 종족정치의 내적 모순을 강화했고(김웅진 2009, 2010), 식민시대 이래 구축된 인도계와 피지계의 구분, 그리고 이를 치유하지 못한 정치제도의 실패는 종족정치의 외적 갈등을 만들어냈다. 결국 이런 종족정치의 내외적 모순은 피지 민주주의를 '수행정지' 상태로 만들었다. 남태평양의 작은 섬 피지의 민주주의는 아직까지 평화로운 내일을 꿈꾸기에는 가야 할 길이 멀다.

제4장
파라다이스의 뒷모습:
피지 쿠데타의 역사와 원인

김형기*

1. 피지의 두 얼굴: 파라다이스와 쿠쿠랜드

피지는 경상북도보다 조금 작은 면적[1]을 가진 남태평양의 군도국가이다. 물감을 풀어 놓은 듯한 파란 바다와 하늘, 깨끗한 물과 공기가 감싸고 있는 해변의 리조트 군락은 평화의 바다에 있는 파라다이스로 불릴 만하다. 약 332개의 화산섬은 산호 해안으로 둘러싸여 '금빛 백사장과 찬란한 햇빛'[2]을 자랑하며, 그 중 110개의 섬에서만 사람이 살고 있다. 관광산업은 피지 GDP의 18%를 차지하고 있으며, 정부차원에서 관광을 경제발전의 우선 동력으로 선정하고 있다. 그러나 관광객의 시선이 닿지 않는 곳에서 벌어지는 피지의

---

* 프로젝트 전임연구원, 통일연구원 프로젝트연구위원

1 피지의 면적은 18,274km²이지만 경작지는 10%에 불과하고 국토 65%가 삼림이다. 또한 85만 명의 인구 중 84%가 비티 레부와 바누아 레부라는 두 개의 큰 섬에 집중되어 있다. CIA World Factbook-Fiji.

2 피지 국가(國歌) 3절의 가사 일부. 김웅진·비제이 나이두(2009), 89에서 재인용.

현실은 파라다이스라고 부르기 어렵다. 오히려 빈곤과 불평등이라는 두 단어가 평범한 피지 주민의 삶을 표현한다. 전체 인구 중 35%가 빈곤선 Poverty line3 아래에 있으며, 도시 경제활동인구의 14.1%가 실업상태이다. 토지소유권은 소수의 족장과 토착피지인iTaukei4에게만 주어지며, 실물경제는 식민지 기간 이주한 인도계가 장악했다. 이러한 뚜렷한 균열구조로 인해 정치는 오랫동안 불안정을 지속하여 왔다. 1970년 100여 년 만에 영국으로부터 독립한 이래 네 차례 반5의 쿠데타가 발생했으며, 현재는 2006년 쿠데타에 성공한 군사정권에 의해 통치되고 있다. 특히 1987년 두 차례 쿠데타 이래 피지는 평화로운 태평양 지역에 큰 파문을 일으키는 국가로 등장하면서 쿠데타가 끊이지 않는 나라, 즉 "쿠쿠랜드coup-coup land"라는 오명을 가지게 되었다.

피지의 정치 불안정은 근본적으로 100여 년간 지속되었던 영국 식민지의 유산에 기인한다. 영국은 석기시대 수준의 생산력과 부족중심의 족장지배 사회체제를 그대로 둔 채 족장대평의회GCC를 통한 간접통치 전략을 채택하였다. 이에 따라 외형은 영국식 의회민주주의 제도를 설립했지만 내용은 피지의 부족질서가 그대로 유지되는 기형적 구조가 형성되었다. 두 번째 식민유산은 피지경제의 근간인 사탕수수 재배를 위

---

3 세계은행에 따르면, 2008/09년 피지인구 35.2%(도시인구의 26.2%, 농촌인구의 44%)가 빈곤선 이하에서 살고 있다(World Bank 2011, 10).

4 2010년 6월 30일 내각결정에 의해 피지인, 원주민, 피지원주민을 뜻하는 Fijian이라는 용어는 피지고유어인 이타우케이(iTaukei)를 사용하는 것으로 공식 변경되었다. 이에 따라 모든 공식문서, 법률, 국가기구는 기존에 사용했던 Fijian이라는 영문명을 iTaukei로 변경하였다. 예를 들면, 피지원주민부는 Ministry of Fijian Affairs에서 Ministry of iTaukei Affairs로, 피지인개발기금은 Fijian Development Fund에서 iTaukei Development Fund로 교체되었다. 2008년 제안된 뒤 약 2년간 논란 끝에 수용된 이 결정은 피지의 복잡한 내부사정을 헤아리는 단초를 제공한다. 즉, 2010년 내각결정 이전에 피지 국적을 가진 사람 중 오로지 피지 원주민만이 스스로 Fijian이라고 할 수 있었다. 인도계 피지인은 3~4대에 걸쳐 피지에서 태어나 정착했음에도 Fijian이 아닌 남아시아인 또는 인도피지인으로 분류되었다. 2010년 결정에 의해 비로소 Fijian은 원주민과 비원주민 모두를 포괄하는 명칭이 되었다. 2010년 이후 피지관련 문헌에서 나타나는 Fijian은 피지국적민 전체를 의미하며, 원주민은 iTaukei로 표기하므로 당분간 혼란이 예상된다. 본 연구에서는 다른 연구자와의 용어 통일을 위해 이타우케이를 별도로 표기하지 않는다.

5 1987(제1차, 제2차), 2000, 2006년의 쿠데타와 1977년 헌정위기를 합친 것임.

해 불러들인 기르미티야^{Girmitiya},6 곧 인도피지언의 부상이다. 인도피지언은 토지소유권이 피지인(족장)에게 있는 상황에서 현재까지 주요 농업인구로 남아 있으며, 일부는 상업에 진출하여 강력한 경제블록을 형성했다.7 인도피지언의 인구는 한때 토착피지인을 능가했으나 쿠데타의 여파를 피해 이주하여 2012년 현재 전 인구의 38.1%를 차지하고 있다. 피지에서 발생한 네 번의 쿠데타와 한 번의 헌정위기는 예외 없이 토착피지인 지배층과 경제권력에서 정치권력으로 전환하려는 인도피지언 간의 상호작용 속에서 발생하였다.

독립 이후 피지 정치불안정의 직접적인 원인을 제공한 행위자는 피지 원주민의 기득권을 유지하려 했던 피지 특유의 정치제도인 족장대평의회와 작지만 강력한 리더십을 지닌 군부라고 할 수 있다. 수뇌족장^{Ratu}으로 구성된 족장대평의회는 영국 식민지배의 도구로서 기존의 계서적인 토착구조를 유지시키는 기제로서 작동하였으며, 독립 이후에도 강력한

---

6 19세기 초 영국 식민정부에 의해 이주한 인도계 계약노동자를 '기르미티야'라고 한다. 기르미티야란 당시 노동자들이 5년 계약에 대한 '어그리먼트(agreement)'를 잘못 발음하면서 쓰이기 시작했다.

7 피지의 정치경제적 분절과 쿠데타의 원인으로 인도피지언의 경제적 부상은 예외 없이 제시되어 왔다. 피지 경제가 인도피지언에 의해 장악되다시피 한 것은 분명한 사실이며, 이를 기반으로 정치적으로 성장한 인도피지언 정당과 토착 피지인 정당 간 대립구도가 생성된 것도 분명하다. 그러나 대부분의 피지 정치 논의에서 나타나는 이러한 대립구도는 부유한 인도피지언과 가난한 토착 피지인의 관계라는 매우 피상적인 분석으로 경도되어 자칫 피지 정치경제를 지나치게 단순화하거나 왜곡할 우려가 있다. 즉, 상당 비율의 인도피지언은 여전히 토지를 임대하여 겨우 생계를 유지하는 빈곤선 이하에 있으며, 토지 임대기한이 다가오면서 미래의 생계가 불투명해지고 있다(Naidu 2009). 특히 인도피지언은 피지 원주민과는 비교할 수 없을 정도로 복잡하고 엄격한 카스트제도의 전통에 종족적 근원을 두고 있다. 비록 피지로의 (노예)노동계약 과정에서 기존의 카스트적 차별은 상당히 완화되기는 하였으나 여전히 북부 인도인, 남부 인도인, 힌두, 무슬림 등으로 구분된다. 이들은 오랜 피지 정착기간 중 일부는 노동자계급으로 잔존하고 일부는 중산층계급으로 상승하는 변화를 겪었다. 그런데 아이러니하게도 인도피지언의 성공신화는 인도계 대다수를 차지하는 이들 계약 노동자들이 아니라 자유 이민의 경로로 유입된 구자랏 주(인도 서부)의 상공인들이 그 주역이다. 구자라티 종족은 카스트제도의 상위층 출신으로 교역과 상업에 능통하다. 이들은 세계 약 27개국에 분포되어 그 지역 경제 이권을 획득하고 있다. 피지의 경우 1904년부터 이주를 하여 상업부문에서의 성공을 이끌었으며 2004년 현재 7,000여명의 구자라티들이 피지에 거주하고 있다(김경학 2005, 7). 구자라티는 피지 전체 상업부문의 약 60% 이상을 점유하고 있으며, 법률 및 의료부문을 주도하고 있다. 요컨대 한 때 피지 인구 절반 이상을 차지했던 인도피지언은 대다수가 다른 피지의 빈곤층과 마찬가지인 삶을 영위하고 있다. 또한 수차례 쿠데타 이후 피지를 떠난 대부분의 인도피지언들은 이민이 비교적 용이했던 고소득 전문직 종사자였다는 점을 상기할 필요가 있다. 요컨대 토착피지인에 비해 인도피지언은 더 복잡한 사회문화적 배경을 가지고 있으며, 상대적으로 부유한 인도피지언이라는 표현을 남용함으로써 무의식적인 오류를 범할 수 있으므로 주의를 요한다.

토착피지인 보호기제로서 작동하고 있다.

토착피지인으로 구성된 군부는 일반적인 군부 쿠데타 이론에서 제시되는 특징도 나타나지만 피지만의 역사적 경험 속에서 독특한 정치경제적 기제로서 성장한 측면이 많다. 현재 여단급 규모에 불과한 피지 정규군은 한 국가의 군부라고 부르기 어려울 정도로 왜소하지만 태평양 군도국가라는 지리적 지평에서는 상대적으로 거대하다. 또한 식민지시기부터 피지인은 국제연합군 또는 용병의 형태로 매우 오랜 해외파병의 역사를 가지고 있으며, 그 과정에서 국가적 위상의 증대와 외화 획득이라는 두 가지 이득을 취하였다. 해외파병은 관광, 사탕수수 수출과 함께 피지 외화획득의 제3위 공신이다. 이러한 피지 군부의 위상은 몇몇 소수의 군인들에 의해 수차례의 군부쿠데타를 일으키게 하였으며, 혼돈스러운 정국에서 '균형자' 또는 '조정자'의 역할을 수행토록 하였다. 다른 제3세계의 군부 쿠데타와는 달리 거의 무혈에 가까운 성공과 사후 안정을 도모했다는 점도 특징이다.

피지의 종족정치와 그에 따른 국가통합의 어려움, 그리고 종족선거의 문제점은 앞선 논문에서 이미 살펴보았다. 이번 장에서는 피지 역사에서 군부가 어떤 역할을 하였으며, 네 차례 반의 쿠데타가 어떤 양상으로 전개되었고 그 원인이 무엇인가에 대해 살펴보고자 한다.

2. 피지 군부의 형성과 발전

쿠데타란 자각적으로 훈련된 지배적 세력의 일부가 이미 장악하고 있는 권력을 보다 더 강화시키기 위하여, 또는 새로 정권을 탈취하기 위하여 동일한 지배세력의 다른 부분을 향해 비합법적이고 무력적인 수단으로 기습을 감행하는 행동이다(Kautsky 1962, 41). 혁명이 피지배자의 지배자에 대한 권력역전을 의미한다면, 이에 반해 쿠데타는 동일 지배집단 내 세력대립 과정에서 군부가 직접 권력을 장악하거나 지배집단 중 일부를 지지하는 형식으로 목적을 달성한다.

역사적으로 대부분의 쿠데타는 군부 또는 경찰력의 물리력을 기반으로 발생하였다. 헌팅턴(Huntington 1957)은 쿠데타를 세가지 유형으로 구분하고 있다. 혁신 쿠데타Breakthrough coup는 중하급 장교의 주도하에 기존의 전통적인 정부를 전복시키고 중간계층의 이익을 대변한다는 명목으로 집권하는 경우이다. 거부 쿠데타Veto coup는 시민의 대중적 참여와 사회적 동원을 통해 스스로를 통치하려는 시도를 물리적으로 저지하는 경우이다. 통상 쿠데타 중 가장 많은 병력이 동원되며 대규모 유혈사태를 동반한다. 가디언 쿠데타Guardian coup는 권력구조의 근본적인 변화 없이 군부지도자가 공공질서나 효율성을 구실로 강제 집권하는 경우이다. 의자 뺏기 놀이Musical chairs 쿠데타라고도 불리며, 이때 군부지도자는 민간지도자와 서로 번갈아 가면서 통치하는 형태를 취한다. 흥미롭게도 피지에서 발생한 네 차례의 쿠데타가 종족 간 대립구도 속에서 발생함으로 인해 계급과 권력구조를 전제로 한 전통적인 쿠데타의 범주에 포괄하기 어렵다. 즉, 2006년 쿠데타를 제외한 과거의 쿠데타는 모두 인도피지언의 권력장악에 반대하여 일방적인 토착피지민의 이익을 대변하기 위해 탄생하였다고 할 수 있다.

통상 쿠데타는 신생독립국이거나 저개발국에서 발생한다. 그 이유는 군부가 다른 사회집단이 가지지 못한 독특한 특성을 가지고 있기 때문이다(Finer 1971, 542). 첫째, 고도의 집중된 명령체계를 지닌다. 둘째, 엄격한 계서적 질서를 가지고 있다. 셋째, 광범위한 통신망과 부대정신을 지닌다. 넷째, 외부의 적에 대해 국가를 수호하거나 희생정신, 자기수양, 용맹성 등 상징에 유리한 위치를 갖고 있다. 다섯째, 무기를 독점한다. 군부가 국내정치에 개입하게 되는 이유는 조직 자체의 특성, 즉 폭력을 관리할 목적에서 고안된 조직이기 때문에 사회 내의 어떤 조직보다도 고도의 결속력을 유지하고 있으며, 지휘관의 정신이나 이념에 의해 정치적인 잠재력을 갖는 조직으로 발전하기 쉽기 때문이다(Janowitz 1964, 31~32).

피지의 군부 역시 그러한 특징을 가지고 있다. 그러나 피지의 군부는 그 규모만을 고려할 경우 어떻게 4차례의 군부 쿠데타를 주도했는지 얼핏 이해하기 어렵다. 현재 피지군은 현역 3,500명, 예비군 6,000명으로 세계에서 가장 소규모의 군사력으로 평가된다. 공군은 없으며, 9척의 경비함만을 가진 해군과 1개 연대 규모의 육군으로 구성되어 있다.

대개 신생독립국의 군부는 식민정부에 편입된 토착민에 의해 재구성되거나 식민정부에 대항하던 독립군이 재편되면서 형성된다. 피지의 경우 두 차례 세계대전 사이에 연합군의 일원으로 편입되는 과정에서 출발하였다. 그 과정은 초기부터 순탄치 않았다. 영국 정부는 토착민을 착취하게 된다는 핑계로 피지인의 영국군 편입을 배제하는 정책을 지속하였다. 그러나 1914년 제1차 세계대전이 발발하자 새로운 상황이 전개된다. 약 700명의 피지 내 유럽인들이 참전을 위해 입대하기 시작하자 몇 명의 원주민들이 영국군에 자원입대를 시도하였다.[8] 영국 정부는 식민지 정부에 토착피지인을 보내지 말 것을 명령하였으며, 피지인의 입대는 거부되었다.

피지 최초의 영국 옥스퍼드 대학 유학생이었던 수쿠나$^{Ratu\ Sir\ Lala\ Sukuna}$ 역시 입대하려 했으나 거부되었다. 바우^{Bau} 섬 추장을 아버지로, 피지 최

---

8 왕립피지군 웹사이트 http://www.rfmf.mil.fj/news/history.html#.

후의 왕가^{Tui Vitti}9의 딸을 어머니로 둔 수쿠나는 부친의 교육열과 뛰어난 재능으로 뉴질랜드의 대학을 거쳐 옥스퍼드 대학을 다니고 있었다. 경제사정으로 학업을 중단한 채 귀국했던 수쿠나는 전쟁참여가 영국 통치자로부터 피지인이 존중받을 수 있는 기회로 생각했다. 입대가 거부되자 그는 프랑스 외인부대에 입대해 무공십자훈장^{Croix de Guerre}을 받았다.10 수쿠나의 행적은 영국 식민당국의 피지인 참전에 대한 의식을 바꿔놓았다. 결국 원주민은 수송부대의 형태로 영국군의 일원이 된다.

전쟁영웅의 명성으로 유학자금을 확보한 수쿠나는 피지 최초의 학사 및 법학학사를 취득하고 귀국한 뒤 피지의 독립에 대비하기 위한 기반을 마련하였다. 그중 한 가지 업적은 씨족단위인 마땅갈리^{Mataqali}의 토지소유권과 인도피지언 사탕수수 노동자 간의 비일관적인 계약을 일원화할 수 있는 국토신탁위원회를 설립한 것이다.

제2차 세계대전이 발발하자 원주민의 군 입대를 반대했던 영국의 태도는 완전히 역전되었다. 이미 영국 식민당국으로부터 신뢰할 만한 피지의 정치지도자로 인식된 수쿠나의 역할과 새롭게 전개된 전쟁의 지리적 환경 때문이다. 일본의 진주만 기습 이후 피지와 솔로몬 군도 사이의 지역은 태평양전쟁의 최전선이 되었다. 일본은 피지-솔로몬 라인을 격파함으로써 미국과 호주-뉴질랜드를 잇는 연합군 연결망을 방해하려 하였다. 피지는 호주-뉴질랜드와 미국-캐나다를 잇는 "남태평양의 교차로"로서 주요 무역통로로 자리 잡고 있었으며, 1941년 팬암사는 수바^{Suva}에 미국-뉴질랜드 항로의 경유비행장을 건설하였다. 피지의 비티 레부는

---

9 투이비티는 피지의 왕 또는 왕조를 칭하는 피지어로 영국의 식민지가 되기 직전 피지를 통합한 마지막 왕 다콤바우Seru Epenisa Cakobau를 지칭하기도 한다. 그러나 피지왕조는 1874년 영국 식민지가 되면서 소멸되었고, 이후 족장대평의회에서 영국왕(여왕)을 투이비티로 명명하였다.

10 http://en.wikipedia.org/wiki/Ratu_sukuna; 수쿠나는 프랑스 외인부대의 2,500명 참전자 가운데 생존한 35명 중 한 명이다.

당시 대부분의 남태평양 도서국가들과 달리 군사기지를 건설하기에 유리한 조건을 가지고 있었다. 수바와 난디^{Nadi}는 훌륭한 천연항구와 개활지를 갖고 있었으며, 뉴질랜드의 지원으로 설치된 활주로, 수상비행기 기지, 군수보관창고를 보유하고 있었다. 미국은 남태평양의 교차로로 알려진 피지 난디를 해군전진기지^{JAMPUFF}로 삼고 육군, 해병대, 해군의 기지를 설치하였다(Rottman 2002, 92~97).

피지인이 가담한 최초의 군대는 1939년에 피지방어군^{FDF}이라는 이름으로 창설되었다. 뉴질랜드 장교와 훈련관의 지휘하에 현역 40명, 예비군 1,000명 수준이었다. 뉴질랜드는 전쟁 초기 피지 방어의 임무를 맡았으며, 1개 여단(제8여단) 규모의 병력을 파견하였다. 그러나 일본 해군이 태평양으로 전개하기 시작하면서 상황은 급박해졌다. 미국은 1942년 1월 피지에 대한 군사관할권을 뉴질랜드로부터 이전받고 수바와 난디 지역에 대규모 병력과 군수물자를 배치하였다. 거의 같은 시기 일본이 트루크^{Truk}로 진출하자 연합군은 일본의 수바 진격을 우려하기 시작했다. 이에 따라 하역을 돕던 노동부대가 아닌 전투부대의 확장이 요구되었다. 피지군^{FMF}으로 명명된 새 부대는 피지인 5,000명을 포함한 약 8,500명 수준이었으며, 피지인 중심의 2개 보병대대, 2개 특공대도 조성되었다.[11] 피지 족장들은 영국 식민당국과 미국 군정의 모병에 매우 적극적이었다. 피지방어군^{FDF}과 피지군^{FMF} 모두 외국인 지휘관의 지휘를 받았으나 족장급 장교를 파견함으로써 적극적으로 피지군 형성에 기여하였다. 대표적인 인물이 수쿠나의 조언으로 입대한 에드워드 다콤바우$^{Ratu\ Sir\ Edward\ Cakobau}$였다. 특히 수쿠나는 피지인이 피를 흘리지 않을 경우 우대받지 못할 것이라고 하면서 피지군의 해외파병을 적극적으로 지지하였

---

11 인도인 역시 참전을 제의받고 소대규모를 형성했다. 그러나 유럽 출신과 동일한 수준의 수당을 요구하자 토착 피지인의 임금인상 요구로 확산될 것을 우려하여 해산되었다(Rottman 2002, 96; Lowry 2006, 74).

다. 피지군은 전쟁 초기 피지에 주둔하던 뉴질랜드 및 미군의 경비를 담당하거나 해안척후 임무를 수행하였다. 미드웨이 해전 이후 전략적 공세로 전환한 연합군과 호주-뉴질랜드-피지-미국-캐나다의 연결통로를 절단하려는 일본의 충돌은 연합군의 과달카날 상륙작전으로 시작되었다. 피지군은 1개 특공대가 최초로 파견되어 정찰활동을 하였으며, 전투가 격화되자 다시 1개 대대가 뉴질랜드군에 배속되어 참전하였다(Lowry 2006, 75~76). 특히 30명으로 구성된 제1특공대는 솔로몬 군도에서의 최초 작전에서 특유의 정글개척능력으로 연합군의 호평을 받았다.

제2차 세계대전에서 피지군은 2개 대대와 2개 특공대가 번갈아 참전했으며, 이 과정에서 연합군과 동등한 수준의 작전을 수행하였다. 이로 인해 피지군은 출신과 관계없이 가치 있는 군인으로서의 자부심을 공유하게 되었다(Goiran 2009, 5).

제2차 세계대전이 종결되면서 피지군^{FMF}은 공식적으로 해체되었으나 일부는 유지되어 뉴질랜드군의 지휘하에 재편되었다. 영국은 피지군의 게릴라전 수행능력을 높게 평가하여 말레이사태[12]에 파병하였다. 말레이에서의 피지군은 어떤 연합군보다 빠르게 정글상황에 적응하였다. 영국은 "사냥하고 살해한다$^{Hunt\ and\ Kill}$"는 모토로 4년간 게릴라전을 수행한 이들의 능력을 인정하여 독립작전권을 허용하였다.

식민통치기간 영국은 족장중심의 계서를 그대로 인정하여 족장대평의회를 통한 간접적인 통치를 유지하였다. 이러한 방식은 제2차 세계대전과 말레이 파병 시기 피지군의 계급질서에도 그대로 적용되었다. 최고지휘관을 제외한 차급 또는 하급 장교는 족장 가계 출신의 피지인이 담당하였으며, 사회구조는 그대로 계급에 반영되었다. 피지군의 충성과

---

12 영연방(영국, 말라야연방, 호주, 뉴질랜드, 피지, 로디지아 니아살란드 연방)과 말레이민족해방군(MNLA) 간의 게릴라전쟁으로 1948~1960까지 지속됐다. 이 지역 고무 플랜테이션과 주석광산 소유자들이 보험료 확보를 위해 전쟁이란 단어 대신 비상사태(emergency)라는 용어를 사용하였다.

헌신을 이끌어내기 위한 영국 식민당국의 의도적인 조치였다. 이 때문에 피지군은 강한 응집력과 조직적 단결력을 확보할 수 있었으며, 그 결과는 전공으로 나타났다. 이러한 경향은 독립 이후 피지의 정치환경에 중요한 몇 가지 함의를 제시한다. 우선 참전 피지군은 성공적인 파병활동을 통해 강력한 전우애를 보유하게 되며, 피지인 전체가 자부심을 가짐으로써 단결을 도모할 수 있도록 하였다. 그러나 전쟁에 참여하지 않았던 인도계는 상대적으로 그러한 정치적 물리력과 심리적 응집력을 가지지 못했다. 한편 사회적 계서를 군사계급에 그대로 적용함에 따라 군의 전근대적 사회구조는 전후에도 큰 충격을 받지 않았다. 더욱이 인도피지언이 경제영역을 주도하면서 일반 피지인은 근대화에 따른 사회적 이동과 중간계층 형성에 어려움을 겪었는데, 이 과정에서 군은 유용한 사회적 이동의 수단이 되었다.

독립이 임박하면서 영국은 피지 지도자들에게 미래의 국가는 군대가 아닌 경찰력만으로 충분할 것이라고 설득하였다. 영국 당국자들은 피지인들이 강력한 전투력을 가지고 있다는 것을 알고 있었지만, 오히려 그러한 이유 때문에 더욱더 상당한 군사력 유지를 꺼려하였다. 주된 이유는 국내안정과 인도계 인구의 안전 때문이었다. 독립 당시 인도계는 이미 토착피지인의 숫자를 넘어서고 있었다.

1970년 독립과 함께 기존의 잔여 피지군은 왕립피지군^{Royal Fiji Military}^{Forces}으로 전환되었다. 1968년 당시 피지군은 불과 350명 수준의 정규군과 750명의 향토예비군이 있었다. 제2차 세계대전 당시의 무기로 구성된 4개 소총중대 규모였다(Ingram-Seal 2000).

독립 직후 왜소한 크기의 왕립피지군이 그대로 유지되었다면 역사의 궤적은 크게 바뀌었을 것이다. 또한 군의 확대가 요구되는 주변의 군사적 위협도 존재하지 않았다. 그러나 새로 탄생한 신생독립국 피지의 군부는 의도적으로 지속적인 성장을 거듭하였다. 초대 총리 마라$^{Ratu\ Sir}$ $^{Kamisese\ Mara}$는 피지 국가건설의 임무 중 일부를 정부가 아닌 군이 담당하도록 하였다. 그의 종조부인 수쿠나의 영향이 컸다.[13] 이미 독립 전부터 토착피지인의 자존과 권익보호에 앞장섰던 그는 독립직전 동맹당^{Alliance} ^{Party}을 결성하였다. 독립직전 헌법제정과정에서도 토착피지인의 권익보호를 위해 종족투표를 주장하면서 보통선거를 주장하던 인도피지언의 정당 NFP와 대립하였다. 결국 투표방식은 종족투표와 보통선거가 결합된 형태로 결정되어 현재까지 피지정치 불안정의 근본적인 원인을 제공하고 있다.

마라는 왕립피지군의 역할을 국토방위보다는 국내안정을 도모하고 필요할 경우 법질서 유지와 회복을 위해 경찰을 보조하는 것으로 보았다. 이 과정에서 군은 무역훈련학교를 세웠으며, 농촌개발과 청소년 지원도 수행했다. 주 대상은 토착피지인이었다(Goiran 2009, 6; Fraenkel, Firth and Lal 2009, 119). 1975년에는 2대의 경비정(350t급)과 70명 수준의 해군도 창설하였다. 식민지 시기 군장교가 뉴질랜드와 영국에서 유학하였듯이, 독립 이후에도 피지군 지휘관은 통상의 피지공무원 또는 정치가보다 학력이 높았다. 피지에는 사관학교가 없으며, 유학을 통해 임관과 진급이 이뤄진다. 피지군 장교의 교육은 현재 중국, 말레이시아, 한국으로의 파견으로 다변화되고 있다.

피지군의 성장에 결정적인 계기가 된 것은 해외파병이었다. 1개 대대도 못 되는 수준으로 출발했던 피지군은 1978년 800명 수준으로 성장하였다.[14] 800명은 같은 해 1,300명으로 증강하였다. 당시 대통령이었던 마

---

13 초대 총리 마라는 원래 뉴질랜드에서 의학을 공부하였으나 수쿠나의 지시와 경제적 지원으로 영국에서 정치가로서의 수련을 받는다. 이후 옥스퍼드, 런던정경대학 등에서 역사학사와 경제학 석사학위를 받았다. 귀국 후 최고 정치행정가의 지위를 유지하며 헌법제정을 주도한다.

14 피지와 관련된 다양한 통계는 불일치하는 경우가 많으며, 군 관련 통계도 그러하다. 예를 들면 독립 직후 피지

라는 UN파병을 결정하고 500명 수준의 대대병력을 파병하려 했기 때문이다. 1982년 피지군의 제2보병대대가 시나이 반도로 파병되면서 병력은 2,200명으로 다시 증가하였다. 피지군의 레바논 평화유지군^{UNIFIL} 파병의 계약은 1년이었으나 상황변화로 22년간 주둔한다.

피지군의 해외파병은 잘 훈련된 굳건한 기강을 가진 피지군의 국위선양만이 유일한 목적은 아니었다. 그 이면에는 높은 국내실업을 해소하고 파병군에게 지급되는 자금을 벌어들이기 위한 경제적 이유가 있었다. 2007년 UN 용병연구그룹은 안보분야에 종사하는 피지노동자의 해외송금이 국가경제에 중요한 기여를 했다는 점을 지적했다. 1978년 최초 파병 이후 2009년까지 25,000명의 피지군이 해외 평화유지임무를 수행하였으며, 약 3억 달러를 벌어들였다. 1978년부터 2007년까지 UN 평화유지활동 중 최소한 46명의 피지군이 사망하였다(Copetas 2007).

세계에서 가장 작은 국가군에 해당되며, 가장 작은 경제수준을 가진 것으로 알려진 피지가 평화유지활동에 기여하고 있다는 것은 매우 독특한 사실이다. 피지와 함께 평화유지군에 참여하고 있는 국가들과의 상대적 국력을 비교할 경우 더욱 그러하다. 피지군의 파병지역은 크로아티아, 캄보디아, 아프가니스탄, 파키스탄, 쿠웨이트, 이라크, 동티모르, 솔로몬 등 모든 가용한 지역에 파견되고 있다.

피지군의 파병은 점차 산업의 중요한 축이 되었다. 실제로 피지의 해외파병은 설탕산업의 60억 달러, 관광산업 20억 달러에 이은 세 번째 주요산업으로 평가된다. 해외송금은 피지정부 차원뿐만 아니라 피지인 가계에 매우 중요한 수입이다. 이 때문에 국제연합의 평화유지군으로 명

군의 현역 병력에 대해 출처에 따라 200명에서 350명으로 차이가 있으며, 해외파병 직전의 규모에 대해서도 700명에서 800명의 편차가 있다. 이 글에서는 편차가 있을 경우 적은 숫자를 채택하였다. 그 이유는 서류상 할당된 편제보다 실제 충원된 편제가 통상 더 적기 때문이다. 특히 예비군의 경우 그러한 경향이 극심하다. 2004~2005년 피지 예비군 할당편제는 2,600명이지만 실제 병력은 767명이다.

성을 얻은 피지의 군 인력은 "평화안정작전산업"이라고 불리는 용병시장에 진출하기 시작했다. 특히 이라크전쟁 이후 사설안보회사^{PMSC}15에 1,000여 명 수준의 피지인이 참여하고 있다. 피지군은 영미 퇴역군인이 월 5만 달러를 받는 용병시장에서 수천 달러 수준의 임금을 받는다. 따라서 저임금이지만 용맹하고 잘 훈련되었으며 군기가 서 있는 피지군은 국제용병시장16에서 선호하는 자원이다.

1987년 쿠데타는 피지군의 비중이 정치영역까지 확대된 중요한 사건이었다. 피지군의 병력은 예비군 포함 6,000명 수준으로 증가되었고, 군과 관련된 광범위한 예산이 증액되었다. 병력 수는 1996년 3,571명으로 다시 축소되었으며 현재까지 이 수준으로 유지되고 있다. 1987년 쿠데타의 중요성은 피지군의 지도부가 원할 경우 국가를 손쉽게 통제할 수 있다는 점을 각인시켰다는 점이다. 비록 큰 규모의 군은 아니지만 물리력의 독점이라는 수단 때문에 피지와 같은 작은 크기의 정부나 다른 반란세력을 쉽게 압도할 수 있기 때문이다.

피지 쿠데타문화를 시작한 람부카$^{Sitiveni\ Rabuka}$는 두 차례의 군사개입의 결과를 정치질서로 고착시키려 하였다. 피지는 공화국 선언을 하였으며 영연방에서 탈퇴하였다. 왕립피지군$^{Royal\ Fiji\ Military\ Force}$은 공화국피지군 $^{Republic\ Fiji\ Military\ Force}$으로 변경되었으며 군부가 정부요직을 점유하였다. 군은 감리교 일요예배를 엄격히 지켰으며 안보법을 통해 반역 우려가 있는 군인과 기자를 억류하였다. 군의 예산은 3년 만에 8백만 달러에서 3천8백만 달러로 급상승하였다. 상황이 급변하자 피지가 상대적으로 부

---

15 사설안보회사(Private military and security companies: PMSCs)란 퇴역군인 등을 통해 전투수행, 기지건설, 기지경비, 군수보급 등의 임무를 수행하는 회사로 이라크 전쟁 이후 중동을 비롯한 분쟁지역에서 활동하고 있다. 대표적 기업은 Global Stragies, Triple Canopy, ArmorGroup International, DynCorp International, Control Solutions, Sandline International, Moyock 등이다.

16 국제용병시장의 규모는 1,000억 달러 규모로 알려져 있다. 여기에서 피지는 현역 3,500명, 예비군 15,000명, 퇴역군인 20,000의 가용인력이 있다.

유한 태평양국가이게끔 했었던 인도계 출신의 고학력의 전문인력은 피지를 떠나기 시작했다. 1987년 쿠데타 이후 1994년까지 약 66,000명의 인도피지언이 해외로 이주하였다(Firth and Fraenkel 2009, 121).

신생독립국의 입장에서 유능하고 잘 훈련된 군의 존재는 국제무대에서 피지의 위상을 증진하는 수단이 되었다. 이 점에 있어 군부와 정부의 입장은 차이가 없었다. 피지는 UN의 요청에 따라 1978년부터 평화유지군 파병을 시작하였으며, 현재까지 제1, 제2보병대대는 상시 해외에 파병되는 부대가 되었다. 즉, 전체 피지군의 2/3가 해외에 주둔하고 있는 상황이다. 왕립피지군은 UN의 지휘 아래에 레바논, 이라크, 동티모르에 제1보병대대를 파병했으며, 제2보병대대는 시나이에 주둔하고 있다. 일반적으로 피지군은 전문적이고 용감하며 강력하다는 평가를 받으며 국제적인 명성을 얻었다. 또한 왕립피지군은 민주주의의 수호, 다민족 간 조화라는 정부의 임무를 보조하는 역할을 하고 있는 것으로 평가되었다. 이 때문에 1986년 교황 바오로 2세는 피지를 "세계가 나아가야 할 길"을 가고 있다고 극찬하였다(Goiran 2009, 6). 최소한 1986년까지 피지의 정치적 외형은 안정적인 것으로 보였다.

그러나 창설 초기부터 피지군의 구조는 토착피지인의 정치·사회구조가 집약된 것이었다. 피지군 구성은 실질적으로 토착피지인이 거의 대부분을 차지하며(99%), 모든 군의 의식, 전통, 종교는 철저하게 피지인 중심으로 조직되었다. 인도인이 설 자리는 없었다. 이러한 상황에서도 피지군에는 극소수의 인도계(2007년 현재 15명)가 입대하였다. 특히 군법무관, 군의관, 부관 등 특수한 참모조직에 대한 인도계의 진출이 두드러진다. 열악한 환경에서 입대하는 인도인들은 매우 뚜렷한 의식과 동기를 가지고 있다. 바이니마라마의 부관출신인 아지즈[Mohammed Aziz] 대령의 경우 가장 상위직의 인도계이다.

<표 4-1> 독립 이후 역대 피지군 사령관

이름	재임시기	출신	비고
J. Morris 대령	1969~1971	뉴질랜드	
D. J. Aitken 준장	1971~1974	뉴질랜드	
P. Manueli 대령	1974~1979	로투마/사모아 평민	최초의 피지인 사령관
R. I. Thorpe 대령	1979~1982	뉴질랜드	뉴질랜드군
Epeli Nailatikau 대령	1982~1987	다콤바우 증손자	
SL. Rabuka 소장	1987~1992	바누아레부 평민	1987년 1, 2차 쿠데타
Epeli Ganilau 준장	1992~1999	타베우니, 라투 초대대통령 아들	
JV. Bainimarama 해군준장	1999~현재	타이레부, 라투	

출처: RFMF Website(http://www.rfmf.mil.fj/news/Commanders.html#), 피지 계급체계는 영국식을 이용하고 있으며, 동일계급의 한국계급을 부여함

　요컨대, 피지에서의 군부는 다른 국가와 뚜렷이 구별되는 독특한 특징을 보여주고 있다. 식민지 시기부터 적극적으로 양차대전에 참전함으로써 식민정부로부터 그 능력과 역할을 인정받기 시작한 피지군은 독립 이후에도 그 명맥을 유지·확대하였다. 직접적인 군사적 위협이 존재하지 않는 태평양의 도서국가임에도 불구하고 피지의 군부는 적극적으로 새로운 역할과 기능을 수행하였다. 대내적으로 피지군은 경찰업무 보조 뿐만 아니라 학교와 도로를 건설하는 건설부대의 역할을 하였으며, 젊은 원주민의 교육을 위한 학교를 운영하기도 하였다. 대외적인 분야에서 피지군의 역할은 그 어떤 국가에서도 찾기 어려운 독특한 것이었다. 이미 독립 이전시기 적극적으로 국제분쟁에 참여하기 시작한 피지군은 독립 이후 UN 평화유지활동에 개입하기 시작하였다. 이 과정에서 작고 가난했던 피지는 국제적인 명성을 얻을 수 있었으며, 참전과정에서 얻었던 금전적 혜택은 피지경제의 중요한 축이 되었다. 또한 피지군 자체도 이 과정에서 그 규모를 확대하였다. 이 모든 과정에서 피지군은 국방이라는 기본적인 군의 기능이 아닌 새로운 전문성을 획득하였다. 국내

에 사관학교가 없어 유학을 통해 간부를 충원하면서 획득한 높은 교육 수준과 해외파병에서 얻게 된 국제환경에 대한 인식은 피지군이 군의 본연의 임무를 벗어나 '균형자' 또는 '중재자'로서 피지 정치 전반에 개입할 수 있다는 신념을 갖게 하였다. 그 결과 피지군은 극단적인 인종균열과 계급균열이 존재하는 저개발국 피지의 정치적 혼란이 발생할 때마다 서슴지 않고 유일한 물리적 폭력수단을 행사하면서 정치에 개입하였다. 이로 인해 피지는 불과 40여년의 독립역사에서 네 차례의 군부 쿠데타를 겪게 된다.

3. 피지 쿠데타사

(1) 1977년 헌정위기

토착피지인을 대표했던 동맹당^{Alliance Party}의 마라와 인도피지언을 대변했던 국가연맹당^{National Federation Party}의 코야^{Sidiq Koya}는 1965년부터 시작된 헌법제정과정에서 대립하다 결국 1970년 합의에 도달하였다. 이에 따라 제정헌법은 부분적인 인종투표와 부분적인 교차투표를 혼합한 형태의 선출방식을 채택하였다.¹⁷ 독립이후 최초로 치러진 1972년 선거에서 마라의 동맹당은 권력을 유지할 수 있었다. 선거제도로 인해 당시 인구의 다수를 차지했던 인도피지언의 표가 잠식되었던 덕택이었다. 동맹

---

17 인종투표는 원주민, 인도피지언과 '일반유권자'(원주민과 인도피지언을 제외한 종족, 즉 유럽인과 중국인 등)가 각각 해당인종에게 배분된 의원 가운데 일정 수를 배타적으로 선출하는 방식이며, 교차투표는 인종투표에 의해 선출되는 의원들을 제외한 나머지 의원들을 자유롭게 선출하는 방식을 지칭한다. 예로서 1970년 헌법은 영국 웨스트민스터 체제를 본받은 양원제를 채택하며, 국가수반은 영국이 임명한 총독이다. 상원은 일부는 선거를 통해 선출하고 일부는 족장대평의회가 지명하여 구성된다. 하원은 52석 규모로 이 중 27석은 종족의석이며 25석은 일반의석이다. 유권자는 선거때마다 인종투표와 교차투표를 각각 수행한다. 김웅진 2009, 96 참조.

당과 NFP는 각각 52석중 33석과 19석을 차지했다.

그러나 마라의 동맹당은 비피지계 학교에 대한 보조금 지급 중단, 인도피지언의 인도 본국으로의 송환, 선거제도 개선의 거부를 통해 극단적인 인종국수주의 정책을 추진하였다. 여기에 법치의 붕괴로 국민적인 불안을 가중시켰다.

1972년 정부의 정책은 NFP와 연맹당 모두의 내부분열을 가져왔다. NFP는 인도피지언의 권익을 보호하지 못하는 무능력한 정당이라는 비난을 받았으며, 연맹당은 더 강한 인종국수주의 정책을 주장하는 세력이 이탈하였다. 특히 연맹당에서 이탈한 부타드로카$^{Sakeasi\ Butadroka}$는 1975년 피지민족주의당^{FNP}을 결성하여 "피지인을 위한 피지로"라는 강령을 채택하였다.

1977년 총선은 동맹당과 피지민족주의당으로 분열된 토착피지계 정당과 인도피지계인 NFP의 대결이었다. 동맹당은 46%라는 득표율에도 불구하고 24석을 얻는데 그쳤다. 반면 NFP는 토착피지계의 분열에 따른 상대적 이익을 얻어 45.2%의 득표율이지만 26석을 획득했다. 1972년 선거에 비해 7석이 늘어난 대승이었다. 피지민족주의당은 교차투표에서 24.4%라는 득표율을 얻었으나 획득의석은 1개에 불과했다. 이에 따라 총 52석 중 독립의석 1개를 제외하면 25:26으로 인도피지계 정당인 NFP가 당수 코야를 총리로 한 정부를 구성하여야 했다.

그러나 NFP는 예기치 못했던 승리에 당황한 나머지 모처럼 주어진 집권기회를 적절히 이용하지 못한 채 내분에 휩싸였다. 당수 코야가 총리직에 적합하지 않다는 비판이 당내에서 표출된 것이다. 이에 따라 두 명의 원주민 지도자가 대안으로 부상했고, 그 가운데 한 사람인 마라에게 연합정부의 구성을 요청했으나 그는 이를 거부했다. 코야는 사흘간이나 내각을 발표하지 못하였다. 사흘 후 코야가 다시 다수파를 확보하게 되자 그를 수상으로 임명하려는 시도가 나타났다. 그러나 총리직 선서를 위해 총독 관저에 도착한 코야는 당시 총독[18] 다콤바우가 1970년 헌법에 근거하여 '헌법에 의거한 총리로서의 자신의 판단에 따라' 하원 다수파가 지지하는 마라를 총리에 임명했다는 전갈을 받았다(김웅진 2009, 98). 총독 다콤바우는 토착피지인의 권력유지를 위해 마라 총리에게 임시관리정부를 구성한 뒤 9월에 재선거를 치를 것을 제안하였다.

선거가 종결될 때부터 총독이 총리임명 제청을 거부할 때까지의 며칠간의 역사에 대해서는 명확히 밝혀지지 않았으며, 당시 주요 행위자들의 자서전에 부분적으로만 기술되어 있다. 예를 들어 NFP 내에서 코야의 라이벌이었던 레디$^{Jai\ Ram\ Reddy}$가 코야의 당내 주도권에 도전하기 위해 방해했다거나, NFP 당내 일부 의원이 총독에게 코야가 총리가 되지 못하도록 요청했다는 것이다. 그러나 명확한 사실은 다콤바우 총독이 선거에 의해 합법적으로 선출된 대표를 거부했다는 것이다. 즉, 1987년과 2000년의 쿠데타에서 나타난 것과 마찬가지로 다콤바우는 피지인이 인도피지언의 정부를 견디지 못할 것이라 판단하고 기꺼이 헌정의 중단을 주도했을 것이라는 것이 피지 외부의 시각이다.

결국 다콤바우 총독은 자신의 먼 친척이기도 한 마라 전 총리에게 임시총리직을 맡도록 하였다. 같은 해 9월까지 피지정부는 헌법에 보장된 다수당의 지배가 이뤄지지 못하는 헌정위기를 지속하였다. 9월에 치러진 재선거에서 토착피지계의 동맹당은 36석으로 압승하였다. 비둘기파와 꽃파로 분열된 NFP는 각각 3석과 12석을 얻고 참패했다.

세 가지 요인이 헌정위기를 야기했다고 볼 수 있다. 즉, ① 코야의 수

---

18 피지 독립 이후 과거의 총독(Governor)은 Governor-General이라는 명칭으로 1987년 공화국 선포까지 유지되었다. 피지식 웨스트민스터 체제하에서 총독은 국가수반의 역할을 한다. 역대 총독은 포스터(Sir Robert Sidney Foster, 1970~1973), 다콤바우(Ratu Sir George Cakobau, 1973~1983), 가닐라우(Ratu Sir Penaia Ganilau, 1983~1987)이다. 총독은 총리임명 제청권을 보유했다.

상자격에 대한 논란이 NFP 정부에 대한 행정부와 군부의 충성심을 떨어뜨릴 수 있다는 우려가 확산되었고, ② 원주민의 반동에 대해 군과 경찰이 어떻게 대응할 것인지 불분명했으며, ③ 법무장관이 총독에게 '유보권 발동'을 제안했던 것이다. 따라서 이 궁정 쿠데타는 족장의 전통적 권력에 대항하기 위해서는 총선결과에 관계없이 임의로 총리를 임명할 수 있는 총독의 권한, 원주민들의 '비원주민 정부'에 대한 반발, 공무원의 정치적 중립과 군의 역할과 같은 요인들을 고려해야 한다는 사실을 여실히 보여주었다(김웅진 2009, 98).

(2) 1987년 제1~2차 군부 쿠데타

1970년 독립부터 1987년 5월까지 피지는 다섯 차례 총선을 치렀다. 1977년 헌정위기가 발생했으며 간헐적인 선거부정이 존재했으나 피지의 선거는 같은 조건을 가진 다른 제3세계 국가에 비해 상대적으로 자유롭고 공정하게 수행되었다(Scobell 1994, 189). 1987년까지 피지는 원주민의 이익을 대변하는 동맹당^{Alliance}이 지배했으며, 당수인 마라가 총리를 연임하였다. 동맹당은 족장대평의회 및 유럽출신의 경제공동체와 밀접한 연계관계 속에서 1977년 단 한 번을 제외하고 다수당 지위를 유지하였다.

독립 이전 시기부터 인도피지언의 노동운동으로 시작된 연맹당^{NFP}은 1977년 1석차 승리를 빼앗긴 뒤 분열과 지지저하를 경험했지만 여전히 제2당으로 존속하여 왔다. 그러던 중 1985년 피지노동당$^{FLP: Fijian Labour Party}$이 창당되었다. FLP는 동맹당 정부의 반(反)노동자 정책의 극치로 간주되는 임금동결조치가 내려진 후 피지노조 대의원회$^{Fiji Trade Union Congress}$

를 기반으로 한다. 따라서 본질적으로 좌파 계급정당이었던 FLP는 동맹당과 NFP의 인종정치에 반기를 들었다. 동맹당(원주민당)과 NFP(인도피지언당)의 '인종집착'은 노동자들로 하여금 저임금과 열악한 근로조건에 시달리게 했을 뿐만 아니라 불평등, 빈곤과 부패의 확산을 초래했다는 것이다. 이에 따라 FLP는 임금동결을 곧 노동자에 대한 억압으로 간주하면서 취약한 노동계급의 권익을 보호하기 위해 피지의 국정운영체계를 전면적으로 전환해야 한다고 주장했다.

FLP는 원주민 의사 출신인 바반드라^{Timoci Bavadra}가 당수였으나 상당수의 인도계의 지지를 받기도 했다. 1986년 12월 FLP는 인도피지언의 정당인 NFP와의 제휴를 결정하고 1987년 선거에서 FLP-NFP 연합정당으로 참여한다.

1987년 당시 집권 동맹당은 심각한 도전에 직면해야 했다. 부패와 경제 침체로 지지율 하락을 우려하게 하였으며, 광산과 관광으로부터 얻어진 수입은 호주계 기업으로 유출되었다. 가닐라우 총독과 마라 총리의 결합으로 이뤄진 통치체제는 정치경제의 개혁보다는 권력과 특권 속에서 안주하려 하였다(Scobell 1994, 191).

1987년 4월 선거에서 FLP-NFP 연합은 동맹당의 24석보다 4석 많은 28석을 차지하면서 승리한다. 연합의 당선자 28명 중 7명만이 피지원주민이었다. 종족투표와 교차투표가 결합된 선거제도로 인해 실제 득표율은 동맹당(48.25%)이 FLP-NFP 연합(46.56%)을 앞섰으나 의석수는 반대로 나타났다. 바반드라는 4월 14일 피지 두 번째 총리로서 연합정부를 구성하였다. 연합정부의 새 내각은 원주민 7명, 인도피지언 6명, 유럽인 1명으로 구성하여 인종간 균형을 추구하였으며, 바반드라 총리 자신은 원주민이었다.

바반드라 정부는 즉각 선거공약으로 내걸었던 급진적인 개혁수행을

천명하였다. 이에 따라 학비 및 의료비 면제, 피지산업의 국유화 등이 발표되었다. 특히 외교정책과 군사정책은 전통적인 우방과 기존 세력을 심각하게 자극하는 것이었다. 바반드라 총리는 선거기간 중 피지를 일종의 비동맹 국가로 변화시키겠다는 의도를 비추었으며, 연합정부 외무장관은 비동맹 외교를 반복해서 강조하고 핵무장 선박의 입항을 금지하겠다고 발표했다. 전통적 우방인 호주, 뉴질랜드, 영국, 미국은 즉각 우려를 표명하였다. 또한 새 총리는 피지군이 국제적 용병으로 변화하고 있다고 비난하면서 피지군의 규모축소를 언급하기 시작하였다(Scobell 1994, 192). 4월 25일로 예정된 피지군과 뉴질랜드와의 연례 군사훈련도 시작 직전 취소되었다.

이러한 전환의 시기에 피지군은 철저히 무시되었다. 새로 등장한 바바드라 정부가 가지고 있는 비동맹 정책과 파병축소는 피지군의 입장에서 직접적인 위협이 될 수 있는 사안이었다. 파병은 외침 우려가 없는 피지의 군사적 확장을 담보하는 조건이며 막대한 외화수입의 원천이었다. 또한 해외 파병 과정에서 얻게 된 경험을 통해 리비아와 소련의 비동맹 노선에 대해 부정적 시각을 가졌던 군부가 전통적 우방이었던 호주, 뉴질랜드, 미국, 영국과의 관계를 단절하고 비동맹을 추진하려는 바바드라 정부에 대해 의혹의 시선을 가지는 것은 당연한 수순이었다. 또한 피지 전통의 남성용 스커트인 술루*sulu*를 의전용 군복으로 채택하고 피지군의 통합과 군기를 토착피지인을 중심으로 형성했던 군부의 입장에서 원주민-인도피지언 혼합정부에 의한 피지군 구성의 변화는 심각한 도전으로 인식될 수 있는 것이었다.

직접적인 쿠데타의 촉발은 새 정부 등장을 전후로 발생한 극심한 혼란 때문이었다. 패배한 동맹당은 원주민 지주들이 주축이 된 '타우케이 운동*Taukei* Movement'을 전개하여 정부에 대항했다. 즉, 방화, 화염병 투척,

도로봉쇄 등을 통해 사회 불안정을 조장했으며, 인종적 색채가 분명히 드러난 대중시위를 주도했다. 그러나 이러한 정부 전복시도가 무위로 돌아가자 동맹당의 일부세력이 쿠데타를 획책하고 람부카 $^{Sitiveni \; Rabuka}$19 에게 접근했다. 본래 야망이 큰 람부카는 승진 전망이 없자 다른 직업을 찾고 있었기 때문에 즉시 쿠데타 음모세력에 동조했다. 물론 족장들은 쿠데타를 환영했고 원주민 대다수 역시 지지를 표명했다(김웅진 2009, 99).

1987년 5월 14일 피지군 서열 3위인 람부카 중령이 가스마스크를 쓴 10명의 군인들을 이끌고 오전회기 중인 의회로 들어가 의원을 해산시켰다. 유혈사태는 일어나지 않았다. 바반드라 정부는 출범 한 달 만에 물러나야 했다. '피지 민족$^{Fijian \; Race}$'의 구원자로 칭송받게 된 람부카는 쿠데타 후 족장대평의회를 소집하였다. 회의가 열리는 수바의 시민센터 옆 공원에는 타우케이 운동 지지자들이 운집하고 있었다. 여기에서 족장대평의회는 쿠데타를 승인하고 원주민의 정부통제를 보장하기 위한 개헌을 약속하였다. 가닐라우$^{Ratu \; Sir \; Penaia \; Kanatabatu \; Ganilau}$ 총독은 족장대평의회의 결정에 동의하고 동맹당과 FLP-NFP 연합이 동수로 참여하고 가닐라우가 대표하는 관리정부를 구성하였다. 이에 따라 헌법개정위원회가 구성되었으나 쉽게 합의되지 않았다(Norton 2009, 102).

원주민 중심으로의 개혁이 원만하지 않자 타우케이 운동을 지지하는 청년들이 인도피지언과 재산을 공격하기 시작했다. 족장대평의회의 진전된 결정을 빨리 따르라는 요구였다. 반면 FLP, NFP와 그 지지자들의 쿠데타에 대한 저항은 극심한 억압과 인권유린에도 불구하고 지속적으로 전개되었다. 예컨대 다인종 저항집단인 '5월 초로의 회귀운동$^{Back \; to}$

---

19 1968년 간부후보생으로 입대한 람부카는 다른 피지출신 장교와 마찬가지로 영국, 뉴질랜드, 호주 등에서의 군사훈련과 교육을 받았으며, 1978년 이후 UN 평화유지군에 참여하였다. 람부카는 1980년 레바논 평화유지군(UNFIL)을 지휘하면서 영제국훈장(Order of the British Empire)을 수상하였으며, 1983~1985년에는 시나이 주둔 평화유지군에서 피지군 제2대대 사령관으로 복무하였다. 1987년 당시 람부카는 피지군 총사령관 나이라티카우(Nailatikau) 소장과 합참의장 샌데이(Jim Sanday) 대령의 뒤를 이은 군 서열 3위였다.

Early May Movement,은 헌정과 의회정치를 회복하라는 진정서를 수천 명의 서명을 받아 총독에게 전달했다.

한편, 동맹당과 FLP-NFP 연합의 합의가 노출되면서 그 내용이 일방적인 원주민의 이익을 대변하지 않고 국가통합의 방향으로 움직이고 있다는 것이 알려지기 시작하였다. 이에 불안을 느낀 람부카와 극단적 인종국수주의자들은 1987년 9월 다시 쿠데타를 시도하여 FLP와 NFP 지도자들을 구금했다. 제2차 군부 쿠데타로 헌법은 폐지되었고 계엄령이 선포되었으며, 모든 경제활동이 금지되었다. 1987년 말 람부카는 마라를 총리로 페나이아를 대통령으로 하는 임시정부를 선포하였다. 이는 민간정부에 권력을 위임하는 형식이었으나 람부카는 내무부 장관직을 유지하였다. 1989년 헌법개정절차가 재개되었다. FLP와 NFP의 주장은 거의 무시되었으며 토우카이 운동, 족장, 군부의 이익에 따라 헌법작성이 시작되었다.

1990년 공포된 신헌법은 원주민만이 대통령·부통령·총리를 포함한 정부요직에 취임할 수 있다고 못 박았다. 극심한 인종적 편협성을 지닌 선거제도와 의석배분제도가 도입되어 절대다수의 원주민 의원들이 의회를 장악하게 되었고, 원주민과 로투만인에게 최소 50%의 공무원직이 배당되었다. 군부는 국가전반에 대한 정치적 역할을 지속할 수 있도록 하였다.

새로운 헌정체제하에서 두 차례에 걸쳐 피지당(SVT: *Soqosoqo ni Vakavulewa ni Taukei*, Fijian Political Party) 후보로 총선에 출마하여 당선된 람부카는 1992년부터 1999년 5월까지 총리로서 피지의 실질적 통치자가 되었다.[20] 한편 FLP의 당수 바반드라가 1990년 사망하면서 FLP와 NFP는 분열되었다.

---

20 1992년 선거에서 다수당이 된 SVT는 출범 초기부터 내부 경쟁자인 카미카미카(Josefata Kamikamica)와의 충돌이 있었다. 1994년 카미카미카가 다섯 명의 지지자와 탈당하면서 1994년 3년 일찍 총선을 치른다. SVT는 다수당을 유지했지만 과반수에 두 석이 모자라 소수인종이 지지하는 GVP(General Voters Party)와 연합하였다.

제1, 2차 쿠데타의 여파로 1987~1999년 사이에 수많은 인도피지언들과 고등교육을 받은 원주민들이 피지를 떠나 인구의 10%가 감소했고, 경제성장이 멈추었으며, 부패가 만연했다. 피지국가은행$^{National\ Back\ of\ Fiji}$이 도산해 2억 2천만 피지 달러^{FJD}에 달하는 막대한 재정손실이 발생했다. 사탕수수 농장의 임대기간이 종료되기 시작했음에도 불구하고 정부는 농민과 지주들에게 적절한 대안을 제공하지 못했다.

(3) 2000년 제3차 쿠데타: 인종 권력투쟁의 재개

피지당^{SVT} 내부의 분열로 실시된 1994년 총선은 SVT의 과반수 획득 실패와 함께 야당연합이었던 FLP와 NFP의 의석수 변화로 귀결되었다. 1992년 13석을 얻었던 계급정당 FLP는 7석만을 획득했으며, NFP는 14석에서 20석으로 크게 늘었다. 이에 따라 람부카는 NFP와 헌법개정위원회의 구성에 합의할 수밖에 없었다. 거의 1년 이상의 청문회를 거친 뒤 1997년 새 헌법이 양원과 족장대평의회를 통과하였다. 그러나 합의도출 과정에서 피지인의 이익을 주장하는 일부 반대파와 원주민이 SVT를 나와 기독민주당^{VLV}을 구성하였다. 한편 피지 서부에서는 이 지역 원주민의 이익을 대변하는 국민통합^{PANU}이 창설되었다. FLP는 피지연합당$^{FAP:\ Fijian\ Association\ Party}$, VLV, PANU와 연합결성에 성공하였다. 1999년 총선은 1997년 헌법개정에 따른 종족투표제 완화, 원주민의 분열, 인도피지인의 단합에 의해 FLP 주도 연합당이 36석을 획득하는 승리를 거두었다.

초드리$^{Mahendra\ Chaudhry}$가 이끈 시민연합은 FLP, FAP, 그리고 몇 개의 소규모 인종정당들과 일반유권자를 포괄하고 있었다. 총선 후 FLP는 1997년 헌법의 권력분점조항에 따라 SVT에게 연합정부구성을 요청했으나,

SVT가 수용하기 어려운 조건을 제시하자 대신 FAP 및 소규모 인종정당들과 연합해 정부를 구성했다. 새롭게 출범한 연합정부의 각료 대다수는 원주민들이었고, 초드리는 피지 최초의 인도피지언 총리가 되었다. 1999년 시행된 여론조사에 따르면 원주민은 초드리 총리로 대표되는 인도피지언의 영향력에 대해 위협받는 것으로 느낀다고 대답했다(Ramesh 2007).

피지는 그간 20년에 걸쳐 괄목할만한 정치 사회적 변화를 겪었다. 원주민의 단합에 근거한 족장의 패권이 점차 잠식되었고, 일부 주에서는 상당한 임대수입과 로열티를 보장해주는 '족장' 칭호 자체에 대한 분규가 발생하기도 했다. 족장 가문으로부터 신(新)귀족층 원주민들이 부상하여 공직을 추구했지만 더 이상 가문의 후광을 입을 수 없게 되었다. 또 람부카가 공직의 지역안배를 시도하자 지역과 부족연합들 사이에 갈등이 표출되었고, 다양한 인종차별 철폐조치에 따라 정치 경제적으로 적극적인 원주민 중산층이 형성되었다(김웅진·비제이 나이두 2009, 101).

그러나 사회 경제적 불평등과 인종을 초월한 빈곤은 더욱 확산되었다. 폐쇄적 노동시장과 세제개혁은 빈곤층에게, 높은 부가가치세는 소지주와 노동자들에게 심각한 타격을 주었으며, 사탕수수 농장의 임대기간이 만료됨으로써 농민들의 생존이 위협받았다. 또한 왜곡된 거버넌스, 부패와 공적자금의 불공정한 운영이 빈부격차를 심화시켰다.

1999년 총선에서 SVT와 NFP는 1997년 헌법에 포함된 인종 간 협조약정을 대대적으로 홍보하는 가운데 피지의 당면과제들을 해결함에 있어서 이를 적극적으로 반영할 것을 약속했지만, SVT는 단 9석을 얻어 대패했고 NFP는 독립 후 최초로 한 석의 의석도 확보하지 못했다. 한편 FLP는 상당한 반향을 불러일으킨 슬로건, 즉 '헌법이 먹여주지는 않는다(you can't eat the constitution)'는 구호를 통해 지지를 확보했을 뿐만 아니라, NFP가 의석배분협상에서 인도피지언에게 할당되는 의석수 축소에 동의했다는 공격을 펼쳐 NFP의 지지기반을 잠식했다. 즉, NFP와 SVT 모두 인종적·계급적 갈등이 이슈가 된 총선에서 인종 간 협력을 강조함으로써 표를 잃은 것이다. 그러나 SVT의 국정운영 실패와 잦은 단전^{斷電}·단수^{斷水}와 같은 공공서비스 수준의 하락 역시 패배의 원인으로 작용했다고 볼 수 있다(김웅진·비제이 나이두 2009, 102).

시민연합이 정권을 잡은 그해에 몇 가지 중요한 정책혁신이 이루어졌다. 빈곤층에 대한 지원금이 대폭 증대되었고, 빈곤층의 소비식품에 대한 부가가치세가 철폐되었으며, 정부의 재정관리 역시 점차 개선되었다. 초드리는 또한 정부 각 부처에 배치된 자문위원의 수를 줄이고 전^前 정부에 의해 임용된 위원회 위원들을 축출했다. 이렇게 축출된 인사들 가운데에는 전 SVT 정부 재무장관 코아^{Jim Ah Koy}의 수하 스페이트^{George Speight}와 국토개발국의 CEO 가리카우^{Maika Qarikau}가 포함되어 있었다. 이 두 사람은 곧이어 발생한 쿠데타의 주역이 된다(김웅진·비제이 나이두 2009, 102).

12개월의 집권기간 동안 초드리는 탈세혐의를 받고 있는 사업가들, 미디어 관계자들, 일부 족장들과 공무원들, 그리고 경찰총장 등 수많은 정적을 고립시키려 시도했다. 이러한 시도는 총선에서 패배한 SVT 정치인, 족장, 감리교 성직자와 인종국수주의자들이 주축이 된 타우케이 운동을 부활시키는 촉매로 작용했다. 타우케이운동이 다시 전개됨에 따라 수많은 소도읍과 도시에서 격렬한 폭력시위가 발생하였다.

이러한 배경에서 "2000년 피지 쿠데타"로 명명된 사건이 발생하였다. 2000년 쿠데타는 쿠데타라고 명명하기 부적절한 측면이 많으며 매우 복잡하게 전개되었다. 특히 스페이트의 의회농성은 그 사건 자체만을 보건대 단순한 장기 인질테러사태에 불과하다. 그럼에도 불구하고 사태는 토착피지인의 부분적 지지를 바탕으로 확대되었으며, 그런 의미에서 무

력에 의한 지배집단간 정권투쟁인 쿠데타의 측면도 없지 않다. 우선 사건 전반을 살펴본다.[21]

타우케이 운동이 격렬하게 전개되던 2000년 5월 19일 오전 10시 45분, '스페이트와 6인의 총잡이'[22]로 보도된 무장세력이 의회에 난입하여 초드리 총리와 35명의 여당 의원을 억류하기 시작했다. 스페이트[23]는 당시까지 거의 알려지지 않은 사업가였다. 스페이트는 오후 1시 30분 기자회견을 자처하고 토착피지인의 권리를 강조하면서 실라토루[Ratu Timoci Silatolu]를 새로운 총리로 지명하였다. 다음날 오후 스페이트는 세니로리[Ratu Jope Seniloli]를 새 대통령으로 지명하고 스스로를 '타우케이 민간정부'라고 선포하면서 각료명단을 발표하였다. 스페이트의 인질극은 7월 27일 체포될 때까지 56일간 지속되었으며, 적절히 미디어를 활용하여 자신의 주장을 정당화하였다.

5월 19일 스페이트의 의회점거가 알려지면서 원주민의 시위는 수바를 중심으로 격화되었다. 시위대는 곧바로 폭도로 변신하여 수바 중심부의 상가 100여개를 불태우고 약탈하였다. 이들은 젊은 피지인이 무장할 것을 호소하기 시작했으며, 5월 22일부터는 억류농성중인 국회의사당 주변을 에워싸고 진압에 대비하였다. 5월 27일 이들은 경찰저지선을 넘어 격투와 총격전을 벌였으며 2명의 군인과 1명의 외국기자가 부상당

---

21 일련의 사건에 대한 요약은 [http://www.fijihosting.com/pcgov/events/coup_log.htm]과 [http://en.wikipedia.org/wiki/Timeline_of_the_2000_Fijian_coup]를 참조하였음.

22 6명은 1987년 쿠데타 이후 설립된 피지군의 대혁명전(CRWU) 부대인 First Meridian Squadron의 대원임이 밝혀졌다. 이들은 우지 기관총과 M16 소총, 권총 등으로 무장했으며, 사복을 입고 있었다. 대통령 마라는 1년 뒤인 2001년 4월 29일 피지TV와의 인터뷰에서 피지군의 대혁명전 부대가 관여했다는 사실로 인해 스페이트는 단지 맨 앞에 나섰을 뿐이며, 실제로는 람부카가 자신이 훈련시킨 부대를 파견하고 이 사태를 통해 정권장악을 추구했을 것이라고 주장하였다. 대혁명전부대는 이후 바이니마라마가 임시총리를 맡게되자 암살을 시도하기도 했다.

23 스페이트의 부친은 2차대전 참전용사로 두 차례 SVT 소속으로 하원에 당선된 샘 스파이트(Sam Speight)이다. 그러나 스페이트 자신은 호주에서 영주권을 획득하여 직장을 다니다 귀국하였으며, 이후에도 본격적인 정계진출 보다는 사업가로서의 행보를 보인다. 그러나 승승장구하던 그의 벌목사업은 초드리 정부가 등장하면서 흔들리게 되었으며, 결국 파산을 선포하였다.

했다. 지방의 힌두교 사원, 인도계 상점도 수주간 폭도의 공격을 받았다.

마라 대통령은 즉각 스페이트를 비난하고 국가비상사태와 통행제한을 선포하였다. 또한 유일한 TV 방송국인 피지원Fiji One TV에 대해 스페이트의 성명에 대한 방송자제를 요청했다. 5월 20일 피지군과 경찰은 마라대통령에 대한 충성을 공표하였으나 5월 26일 일부(장교 2명, 사병 15명) 군인이 쿠데타에 합류하였다.

족장대평의회는 5월 22일 현 대통령 마라에 대한 지지를 재확인 했으며 사태해결을 위한 회의를 시작하였다. 회의결과 5월 25일 10개항의 사태해결을 위한 결의안이 채택되었다. 그 내용은 토착피지인의 주장을 반영하여 1997년 헌법을 수정하고 마라 대통령이 사태진전을 해결할 수 있는 권한을 가진다는 것이었다. 특히 마라 대통령에게 인질이 석방되면 스페이트를 사면하도록 요청하였다. 다음날 스페이트는 이 제안을 거부하였다. 한편 마라대통령은 5월 27일 족장대평의회의 조언에 따라 더 이상 정부통제능력이 없는 현 수상 초드리를 해임한다고 발표했다.

5월 28일 의사당을 중심으로 한 시위는 더욱 폭력적으로 변모하였다. 경찰저지선에 있던 비무장 경찰이 스페이트 지지자의 총격을 받고 사망했으며, 수바의 TV 및 라디오 방송국이 폭도들의 공격을 받아 방송이 중단되기도 했다. 수바는 무정부 상태로 바뀌었다.

2000년 피지 쿠데타는 5월 29일이 되면서 전혀 새로운 국면으로 접어들었다. 마라 대통령은 타우케이 운동의 주동자로부터 자신과 가족의 안전을 위협받고 있는 상황에서 해군선박으로 피신한다. 이 자리에는 군사령관 바이니마라마Commodore Josaia Voreqe [Frank] Bainimarama, 경찰국장 사부아Isikia Savua, 족장대평의회의장 람부카, 전 피지군사령관 가닐라우Ratu Epeli Ganilau 등이 참석하여 마라 대통령에게 1997년 헌법의 폐지를 종용하였다. 마라는 이를 거부하였으며 사임했다. 이에 바이니마라마는 사임한 마라 대통령의 공백을 매워야 한다고 주장하면서 스스로를 임시군사정부의 수장으로 선포하고 계엄령을 발동하였다. 군이 개입되면서 폭력사태는 진정되기 시작했다. 5월 30일 스페이트가 점거한 국회 및 주요도로는 군에 의해 차단되었다. 바이니마라마는 군에 '사살명령'을 발동하여 강경하게 시위에 대응했다. 이 과정에서 스페이트 추종 무장폭도 5명이 군경에 의해 체포되었으며, 그 중 3명은 피지군 대혁명전부대 CRWU의 일원이라는 것이 밝혀졌다. 이날 밤 바이나마라마는 1997년 헌법을 폐지하였다.[24]

스페이트와 군부는 협상 끝에 7월 9일 남아있는 9명의 인질을 석방하고 무기를 반납하면 반란죄를 묻지 않는다는 합의가 이루어졌고, 7월 12일 모든 인질들이 석방되었다. 7월 13일 군부와 족장대평의회는 임시정부를 구성하여 부통령 일로일로$^{Josefa\ Iloilo}$를 대통령(2000.7.13~2006.12.5)으로, 온건파인 전직 은행가 가라세$^{Lasenia\ Qarase}$를 총리로 임명했고, 임시정부의 각료직은 대부분 원주민들로 채워졌다. 7월 27일 군부는 인질을 통해 '강압 받는 상황'에서의 합의는 무효라고 주장하면서 스페이트와 여타 쿠데타 주역들을 체포하였다.

한편 2000년 쿠데타 과정에서 2차례 군부 내 반란이 발생하였다. 첫 번째 반란은 7월 7일 발생하였다. 스페이트를 지지하는 일단의 군인들이 람바사^{labasa}의 수쿠나이발루 병영$^{Sukunaivalu\ Barracks}$을 탈취한 뒤 이 지역 인도피지언의 인명과 재산을 약탈하였다. 두 번째 반란은 11월 2일 수바의 퀸 엘리자베스 병영$^{Queen\ Elizabeth\ Barracks}$에서 일어났다. 바이니마라마를 물러나게 하기 위한 시도 중 4명의 병사가 사망하였으며, 진압 과정에서 4명의 피지 반혁명전부대 출신 주동자가 구타당해 사망했다.

---

24 거의 같은 시간 스페이트는 인질석방의 조건으로 인질범에 대한 사면, 헌법 폐지, 마라 대통령의 사임을 요구하였는데, 이미 이 조건들은 충족된 상황이었다. 이에 따라 스페이트는 자신들이 새 민간정부의 일원이 되어야 한다는 조건을 추가하였다.

이상에서 살펴본 '2000년 피지 쿠데타'는 매우 독특하고 복잡한 전개 양상을 가지고 있다. 기본적으로 2000년 5월 19일에서 7월 13일까지 56일간 벌어진 인질극이 쿠데타의 발발기간이며 쿠데타의 주 내용으로 설명되고 있다. 그런데 이 시기는 기본적으로 스페이트의 인질극과 그 배경이 하나의 축이며, 바이나마라마의 임시군사정부가 또 다른 한 축으로 상호작용하고 있다. 이를 분해하면 세 가지 정도의 논점으로 정리할 수 있다.

첫째, 스페이트의 인질극은 겉으로는 단순한 국회 인질점거테러에 불과하며, 스페이트 자신은 스스로 전국적인 조직력을 가진 지도자가 아니었다. 그럼에도 이 사건은 일부 피지 원주민에게 인도피지언에 대항하는 영웅적 행위로 비춰졌으며, 대규모 지지시위와 폭력행동이 뒤를 따랐다. 이는 원주민과 인도피지언간의 종족 간 대립구도에서 인도피지언이 득세하고 있다는 인식에 따라 나타난 앞서의 헌정위기와 1987년 쿠데타와 맥을 같이한다. 두 번째는 인질극 이면에 전개된 족장대평의회와 원주민 정치세력의 담합에 의한 권력쟁취과정이라는 측면이다. 스페이트를 지원했던 '총잡이들'이 람부카가 키워왔던 대혁명전 부대라는 점은 차치하고라도, 족장대평의회와 일부 족장 및 감리교는 의도적으로 스페이트를 보호하려 하였다. 이들은 이 상황을 선거패배로 상실한 권력을 역전하기 위한 기회로 여겼으며, 인질극과 전국적 시위를 용납하는 태도를 보였다. 세 번째 측면은 바이니마라마의 임시군사정부이다. 바이니마라마의 임시정부 수립을 전후로 한 상황은 물리력을 동원한 초헌법적 권력장악 과정이었다. 즉, 2000년 피지 쿠데타는 스페이트의 인질극이 아니라 바이니마라마의 임시군사정부 수립으로 대체되어도 될 수 있는 상황이라는 것이다. 즉, 대쿠데타[counter-coup]의 외형으로 수행된 쿠데타로 간주될 수 있다. 이 과정에서 바이니마라마는 군내 지지세력을 결집하고 반대세력을 축출할 수 있었으며, 정치적 영향력을 강화할 수 있었다.

이후 피지정국은 바이니마라마 사령관의 기대대로 움직이지는 않았다. 인종국수주의자들과 영합한 가라세는 2001년 일부 각료들을 중심으로 통합피지당^{SDL: Soqosoqo Duavata ni Lewenivanua, United Fiji Party}을 창당, 총선에 대비했다. 그는 선거운동과정에서 감리교 계열의 기독교회연합^{Association of Christian Churches}을 통해 주로 원주민을 대상으로 캠페인을 벌였고, 상당한 공적 자금이 불법적으로 기독교연합으로 흘러들어갔다. 한편 경찰이 방관하는 가운데 힌두교 교당에 대한 모독이 계속되었으며, 가택침입 · 강도와 절도 · 가두폭력이 만연하여 인도피지언과 비원주민에 대한 위협이 일상화되었다.

가라세가 이끈 SDL은 매표와 부정투표 의혹 속에서 치러진 2001년 총선에서 32석을 얻어 제1당으로 부상했으나, 제2당이 된 FLP(27석) 대신에 단지 6석을 얻은 보수연합당(CAMV: Matanitu Vanua, Conservative Alliance)과 연합정부를 구성함으로써 헌법의 권력분점조항을 무시했다. CAMV는 쿠데타 주모자 스페이트의 당이었으며, 실제로 스페이트가 옥중 출마하여 당선되었다. 가라세는 헌법에 규정된 권력분점조항을 준수하라는 법원판결에 대해 지연전략을 취하면서 그 후 5년간 총리로서 SDL-CAMV 연합정부를 이끌었다.

한편 이 기간 상당한 경제성장이 이루어졌으나 실업률은 오히려 증대되었다. 타 국가로의 이민이 가속화되어 피지경제는 중동과 환태평양 국가로 나간 노동자(주로 군인)에게 의존하는 '송금경제^{Remittance economy}'가 되었고, 잇단 재정관리 실패와 부패가 확산되었다.

(4) 2006년 제4차 군사 쿠데타: 온건파와 급진파의 갈등

앞서 벌어졌던 세 번의 쿠데타는 근본적으로 토착피지인과 인도피지 언간의 대결구도에서 탄생하였다. 원주민의 정치경제적 권익을 보장하기 위해 토착피지인은 족장대평의회와 원주민 중심의 정당을 통해 인종 국수주의적 정책을 수행했으며, 인도피지언은 일부 피지 노동자들과 함께 이에 대응하려 하였다. 세 번의 쿠데타는 예외 없이 힘겹게 집권에 성공한 인도피지언의 정부를 전복하고 제도적으로 이들의 다수당 진입을 봉쇄하려는 시도로 이어졌다. 2000년 쿠데타는 스페이트에 의해 수행된 민간 쿠데타였으나 동일한 구조 속에서 발생한 것이었다. 군부는 '조정자'로서 쿠데타를 진압하고 가라세가 이끄는 민간정부에 권력을 이양했다. 그러나 새로 등장한 가라세 연합정부(SDL-CAMV)는 바이니마 라마가 이끄는 군부와 사사건건 충돌하기 시작했다. 한편 2000년 쿠데타 이래 종교가 주요 행위자로 부상하기 시작했다. 식민지 초기 족장에 의해 받아들여졌던 감리교는 힌두교가 다수인 인도피지계와 대립하였으며, 노골적으로 2000년 쿠데타 주동자에 대한 처벌을 반대하였다. 군부는 수차례 정치권에 개입하여 가라세 정부의 정책에 대해 비판하기 시작했으며, 가라세 정부는 바이나마라마의 군부내 지위를 견제하려 했으나 큰 효과를 보지 못했다. 결국 바이나마라마는 군부 쿠데타를 수 차례 암시하였으며, 2006년 새로 수립된 가라세 정부도 태도변화를 보이지 않자 예고된 쿠데타를 일으키게 된다.

2001년 수립된 가라세 연합정부와 군부와의 관계는 수년간 공방을 지속하면서 점차 악화되었다. 가라세 정부는 경제적 난국을 초래한 2000년 쿠데타에 대한 책임을 축출된 초드리에게 돌리면서 쿠데타에 연루된 일부 인사들을 각료직에 임명했다. 또한 쿠데타 가담혐의로 기소된 부통령이 '강제보호감독 명령$^{Compulsory supervision order}$'에 따라 형기의 일부만을 채운 뒤 석방되었고, 여타 가담자들에 대한 조사와 기소가 계속 미루어졌다. 일부 가담자들을 기소하는 데 성공한 호주인 검사 피터 리지웨이$^{Peter Ridgeway}$의 계약갱신이 2005년 정부에 의해 저지되었으며, '잊고 용서하기'를 거부한 바이니마라마를 군사령관직에서 물러나게 하려는 시도가 2004년과 2005년 연이어 나타났다.

2006년 총선은 앞서 1997년 헌법개정 이래 두 차례에 걸쳐 실험되었던 대안투표제를 통한 선거제도 개선의 시도에도 불구하고 원주민계와 인도계간의 양극구도로 재편되었다. CAMV를 흡수한 SDL은 71석 중 36석을 획득하여 제1당이 되었다. 인도계 FLP는 31석을 획득했다. 총리에 재취임한 가라세는 기존의 정부-군부간 갈등을 완화시키기 보다는 오히려 군부와의 갈등을 조장하는 정책을 수행했다.

가라세 연합정부가 군부의 반대를 무릅쓰고 「화해·관용·통합법안$^{Promotion of Reconciliation, Tolerance and Unity Bill}$」, 「어장(漁場)법안$^{Ooliqoli Bill}$」과 「토지판정법안$^{Land Tribunal Bill}$」 등 3개 법안을 밀고 나가자 사태는 더욱 악화되었다. 「화해·관용·통합법안」은 2000년 쿠데타에 관련된 인사들에 대한 조사와 기소를 중단함으로써 이들을 사면하기 위한 것이었다. 2000년 쿠데타 과정에서 군부내 반란을 직접 경험하기도 했던 바이나마라마의 입장에서 결코 허용할 수 없는 내용이었다. 「어장법안」은 관습적으로 족장들에게 속했으나 그간 국가소유로 변한 어장을 되돌려주려는 목적으로 만들어진 것이었다. 특히 「어장법안」은 관계당사자들 간의 충분한 사전협조와 조정을 거치지 않았기 때문에 상당한 분란을 야기했다. 즉, 법안의 소유권 조정규정에 따르면 관습적 소유주(족장)들이 기존의 어획권 영역협약에 전혀 포함되어 있지 않던 어장까지 받도록 되어 있었다. 따라서 해변에 거주하고 있던 수많은 영세 불법어민들의 권익은 전혀 고려되지 않았으며 관광업계 역시 이에 반대했다. 일부 족장들은 그들의 어장 내에서 수영하고 있는 관광객들로부터 돈을 받았을 뿐만 아니라 이들이 해변을 걷는 것조차 금했다. 한편 「토지판정법안」은 500,000피지달러를 관습적 지주들에게 지원하여 그들이 억울하게 몰수당했다고 여기는 자유대지^{Freehold land}를 되사도록 하려는 연합정부의 원주민 지원 정책에 따라 만들어진 것이었다. 군부는 이 법안을 SDL의 인종국수주의가 극명하게 반영된 대표적 정책으로 간주했다.

이후 3개월에 걸쳐 군부의 개입이 더욱 심화되었다. 총선에서 획득한 지지기반에 힘입어 군부의 압력을 견뎌낼 수 있으리라 판단한 가라세는 군 지도층의 내분을 조장함으로써 바이니마라마 사령관의 영향력을 약화시키려 했으나 실패하였다. 연합정부에 동조한 장교들이 군부로부터 축출된 것이다. 또한 바이니마라마가 중동 출장을 떠난 사이 대통령에게 접근하여 사령관을 교체하는 데 성공했으나, 신임사령관은 자신에 대한 지지자들이 전혀 없다는 것을 깨닫고 곧 사임했다. 위기를 조장한 또 다른 인물은 피지경찰국 국장인 호주인 앤드루 휴^{Andrew Hughes}였다. 휴는 수바 부두로부터 무기를 적재한 컨테이너를 승인 없이 옮겼다는 구실로 바이니마라마 사령관과 일부 장교들에게 국가교란혐의를 씌워 조사하려 시도했고, 이에 따라 바이니마라마의 체포가 임박했다는 보도가 나오기도 했다.[25]

2006년 10월 16일 바이나마라마는 9개 조항의 대정부 요구사항을 제시하고 3주 이내에 수용하지 않으면 사임하라는 최후통첩을 발송하였다. 최후통첩의 주요 내용은 2000년 쿠데타 주역의 형량에 따른 사법처

---

25 피지 내에서 물리적 수단을 가진 경찰과 군의 대립은 오히려 이 사건을 계기로 군이 일방적인 우위를 서게 된다. 휴는 뛰어난 호주 출신 경찰이었으며 초기에는 군과 밀접한 연관을 맺었다. 그러나 2006년 말 그가 피지군에 대한 비난을 시작하자 여론은 그가 정부를 일방적으로 옹호하고 있다고 판단하였으며, 바이나마라마는 즉각적인 사임을 요구했다(Lal 2009, 31).

리, 인종에 기반한 경제불평등 정책의 철폐, 휴 경찰국장의 사임, 피지 경찰의 전술대응부대 해체, 2000년 쿠데타 참여 각료의 사임 등이었다.

가라세 총리는 이를 즉각 거부하고 호주와 뉴질랜드에 피지군에 대응하기 위한 군사지원을 요청하였다(Lal 2009, 30).[26] 또한 바이나마라마가 최후통첩 이후 중동지역에 파견된 피지 평화유지군을 군사검열하기 위해 자리를 비운 틈을 타 사우불리나야우*Ratu Meli Saubulinayau* 대령을 군총사령관에 임명하였다. 바이나마라를 지지하는 고급장교들로 인해 이 시도는 즉각 무산된다. 그의 마지막 시도는 족장대평의회였다. 가라세는「어장법안」과「토지판정법안」이 피지의 영속적인 평화를 가져오기 위한 선결조건이라고 강조하면서 바이나마라마에 대한 압력을 요청하였다. 그러나 족장들은 바이나마라마가 이를 수용하지 않을 것을 알고 요청을 묵살하였다.

11월 초 바이니마라마는 10월의 최후통첩을 반복하였다. 뉴질랜드 총리 클라크*Helen Clark*는 바이니마라마가 가족모임을 위해 뉴질랜드를 방문하자 가라세 총리와 바이니마라마간 긴급 회담을 주선하였다. 웰링턴에서 열린 회담에서 가라세는 그간 요구되어온 모든 최후통첩의 내용을 수용한다. 그러나 가라세의 이러한 태도는 실질적인 수용이라기보다는 단순히 시간벌기에 지나지 않았다는 비판이 있다(Lal 2009, 34).

피지로 돌아온 바이니마라마는 즉각 웰링턴 회담에서 가라세가 거짓말을 했으며, 예정된 정치 정화운동을 중단할 이유가 전혀 없다고 선언하였다. 최후통첩의 시간이 임박하였다. 그러나 바이나마라마는 돌발적으로 학교연휴가 끝날 때까지 어떤 군사행동도 취하지 않을 것이라고 선언하였다. 그런 뒤 군과 경찰 간 계획된 수쿠나 배*Ratu Sukuna bowl* 럭비경기 결승전을 관람하였다. 예정된 쿠데타 일정을 미루고 체육행사를 관

---

26 호주와 뉴질랜드는 피지 쿠데타에 대한 견제로 군사적 시위를 하였으나 가라세의 군개입 요구는 거부하였다.

람하는 그의 행동은 정부가 쿠데타를 저지할 수 있는 어떤 능력도 가지고 있지 못하며, 그러한 무능력이 정부 전복의 정당화가 될 수 있다는 판단 때문이었다(Fraenkel 2009, 48).

2006년 12월 5일 바이니마라마는 쿠데타를 실행하였다. 가라세와 모든 각료는 가택연금되었으며, 그들의 차량과 휴대전화는 압류되었다. 바이니마라마는 일로일로 대통령에게 내각해산을 요구한 뒤 임시정부를 구성하기 시작했다. 12월 6일 바이나마라마는 군이 모든 정부를 통제하고 있으며 국가운영을 위한 행정권을 가지고 있다고 선포하였다. 또한 일로일로 대통령을 포함하여 쿠데타에 동조하지 않은 모든 각료를 해임한 뒤, 군의관 세니라가칼리^{Jona Senilagakali}를 임시총리로 임명하였다. 과거 압도적인 조정자 역할을 했던 족장대평의회는 군에 의해 철저히 통제되었다. 이 모든 과정에서 심각한 유혈사태는 발생하지 않았다.

2007년 1월 4일 바이니마라마는 일로일로 대통령을 복위시켰으며, 일로일로는 군의 행동을 합법화하는 성명을 발표하였다. 다음날 일로일로는 바이니마라마를 임시총리로 임명함으로써 2006년 군부 쿠데타는 일단락되었다.

2006년 쿠데타에 대한 국제적 대응은 비난 일색이었다. 이미 쿠데타 이전부터 우려를 표명했던 뉴질랜드와 호주는 물론이고 미국, 영국과 UN의 비난이 이어졌다. 미국은 예정된 250만 달러 규모의 경제지원을 중단하였고, 영국은 피지의 영연방 자격을 박탈하였다.[27]

반면, 국내적 반응은 뚜렷하게 양분되었다. 2005년 연맹당을 승계한 국가연맹당^{NAPF: National Alliance Party of Fiji}의 가닐라우^{Ratu Epeli Ganialu}, 피지상공회의소, 피지노조대표자회의^{FTUC}는 찬성쪽에 섰다. 과거 쿠데타를 지

---

27 영연방은 2008년 피지의 재가입을 받아들였으나, 2009년 9월에 다시 퇴출시켰다. 바이니마라마가 영연방에서 요구한 2010년 선거를 거부했기 때문이다. 영연방의 가입여부는 피지의 내정압박을 위한 수단으로 사용되었으나 실효적인 역할은 미미하다.

지했던 감리교단과 족장대평의회, 가라세 전임총리는 대표적인 비난세력이었다. 또한 피지노동당^{FLP}의 초드리와 통합인민당^{UPP}, 국가연맹당 ^{NFP}은 유보적이거나 비판적 입장이었다. 그러나 정교한 군부의 장악을 통해 이들 반대파 대부분은 실질적인 저항은 유보한 채 침묵을 지켜야 했다. 쿠데타에 가장 가시적인 반대는 시민사회내 활동가들로부터 나왔다. 그러나 이들 역시 찬반양론으로 분열되었다. 군부는 강온전략을 통해 반대파의 숫자를 줄여갔으며, 많은 수의 NGO가 서서히 침묵하였다 (Fraenkel 2009, 54-55).

바이니마라마는 매우 정교한 쿠데타 이후 집권계획을 수행하였다. 2007년 1월 수립된 임시정부는 FLP의 초드리와 NAPF의 가닐라우를 각료로 임명하여 다민족적 정부를 구성하려는 시도를 표방하였다.[28] 또한 정치사회 전반의 핵심요직에 군부출신 또는 친군부 인사를 임명하여 정국장악력을 높였다. 쿠데타 직전 가라세 정부에 요구했던 9개항의 개혁조치는 집권 초기 임시정부의 주요 정책으로 수행되었으며, 사회각급에 만연해 있는 부패를 해소하기 위한 노력도 보였다. 그러나 군부 쿠데타로 집권한 군사정권이 가진 한계는 피지에 대해서도 예외가 아니었다. 군부는 집회금지법과 매스 미디어에 대한 검열을 통해 언로를 봉쇄하였다. 퀸 엘리자베스 병영^{QEB}은 불법적이고 조직적인 폭력의 중심이 되었다. 반정부 지도자가 QEB를 다녀오면 친정부로 변하고 일부는 실종된다는 루머가 횡행했다.

2009년 피지 항소법원$^{Court\ of\ Appeal}$은 2006년 군부 쿠데타로 등장한 바이나마라마 총리의 임시정부가 불법이라고 공표하고 총리직과 피지군 사령관직에서 즉각 사임할 것을 요구했다. 바이나마라마는 일로일로 대

---

28 초드리는 2007년 1월 임시정부의 재무장관으로 참여하였으나 2008년 8월 다른 FLP 출신 장관들과 함께 사임하였다. 그는 사임의 이유가 선거를 위한 자발적인 것이었다고 발표하였으나 바이나마라마에 의해 축출되었다는 것이 정설이다. 이후 그는 바이나마라마에 대한 핵심 비판자로 등장하였으며, 2010년에는 불법집회로 체포되기도 하였다.

통령을 통해 헌법기능을 중지시키고 재판관들을 교체하였다. 헌법은 새로 발표된 공공비상조치^{PER}로 대체되었다. 공공비상조치는 100명 이상의 대중집회 금지, 발언의 자유 제한, 언론 검열 및 군부권력의 확대를 내용으로 하고 있다. 바이나마라마는 1997년 헌법이 여전히 다종족-소수자의 손해를 대가로 토착피지인에게 유리하게 작성되어있으며, 이를 손질하려면 더 많은 시간이 요구된다고 주장했다. 이에 따라 피지는 2014년 새로운 헌법으로 선거를 치를 예정이라고 약속하면서 그 때까지 공공비상조치의 존속을 정당화하고 있다.

4. 결론

'쿠쿠랜드'라는 오명을 쓰게 한 네 차례 반의 쿠데타는 식민지 시기의 경험과 그로 인해 파생된 토착피지인과 인도피지언 사이의 종족 대립이 근본적인 원인이다. 여기에 다른 국가에서 찾아보기 어려운 피지만의 독특한 군대형성이 군의 정치개입에 대한 물리적 기반이 되었다.

식민지 유산은 원주민과 인도계 사이의 영합적 대결구도를 형성하게 하였으며, 인도피지언이 주도하는 대결구도가 성립되면 예외 없이 정치 불안정 현상이 노정되었다. 1977년 헌정위기는 원주민의 동맹당^{Alliance} ^{Party}과 인도피지언의 국가연맹당^{NFP}의 대립이었다. 1987년 두 차례의 군부 쿠데타는 동맹당에 대해 FLP-NFP 연합이 승리하면서 시작되었다. 노동정당인 FLP가 원주민 투표를 잠식했기 때문에 얻어진 결과였다. 종족 정치의 대립구도를 해소하기 위해 개정된 1997년 헌법개정 이후 시행된 1999년 총선은 선거설계와 달리 종족간 협력을 강조한 정당이 몰락하고 FLP가 대승하는 결과로 나타났다. 최초의 인도계 총리가 이끄는 FLP 연합정부는 원주민의 SVT와 대립구도를 형성했으며, 스페이트의 민간 쿠데타에 의해 전복되었다. 2000년 쿠데타는 원주민 사업가 스페이트가 일으키고 군이 내외의 반란을 진압하고 헌정으로 복귀시킨 사건이라고 정리될 수 있다.

2006년 쿠데타는 군부 지도자에 의해 권력을 장악한 가라세 연합정부가 군부가 요구하는 탈종족적 정책과 2000년 반란 주동자 처벌을 거부하고 오히려 인종국수주의적 정책을 강화하는 과정에서 발생하였다. 바이니마라마는 전통적인 족장-감리교-원주민 정당의 권력독점을 일거에 해소하고 피지군부의 독자적인 능력으로 쿠데타를 성공시켰다. 이후 피지군부는 헌정을 중단시킨 현재까지 피지를 실질적으로 통치하고 있다.

독립 이전부터 피지군은 적극적으로 식민정부의 제도내부에 편입하려는 시도를 하였으며, 그 과정에서 충성스럽고 강력한 정예군으로 인정받았다. 독립 이후에도 이러한 경향은 지속되었으며, 국가적 차원의 지원과 조직적인 해외파병의 경험을 통해 질적 양적 성장을 도모하였다. 토착 피지인으로 구성된 피지군은 국내적으로 발전기반 조성에 동원되었으며, 국외적으로 국가위상 증대와 외화획득의 원천으로 기능하였다. 이러한 과정에서 군은 복무 자체가 특권으로 인식되었으며 다수의 예비역을 배출함으로써 사회적 지지기반을 확보하였다.

네 차례 쿠데타 과정에서 피지군은 최소한 표면적으로는 스스로 대규모 유혈사태를 초래하지 않았으며, 오히려 그러한 사태를 방지하는 역할을 하기도 하였다. 또한 2000년 쿠데타에 대한 군사개입과 2006년 쿠데타에서 군은 상대적으로 균형적인 인종정책을 지지하고 있다. 그럼에도 불구하고 군부에 의한 권위주의적 정치질서는 자유에 대한 억압과 불법적 탄압이라는 비난에서 벗어나기 어렵다. 인종적 대립을 극복한 다민족 국가를 수립하고 군이 평화적 권력이양을 할 수 있는가가 피지가 당면한 과제이다.

제5장
피지정치의 권력배열구도: 역사 문화적 배경에 관한 현지학자들의 견해

김지희*

한국연구재단의 지원[1]을 받아 수행된 연구프로젝트 「의회민주주의의 남태평양적 변용: 피지와 바누아투의 사례」의 연구진은 2009년 10월 피지의 수도 수바^Suva^에 소재한 사우스퍼시픽 대학교^University of the South Pacific^(이하 USP)[2]를 방문해 피지의 정치질서와 정치문화에 관한 원탁회의^Round-table conference^를 개최했으며, 본 보고서는 이를 통해 획득한 현지학자들의 견해를 정리·요약한 것이다.

연구의 초기단계에 기획된 현지조사는 현지학자들과의 학문적 견해 교환뿐 아니라 일반인을 대상으로 한 심층면담을 포함하고 있었다. 그러나 방문에 임박해 공공비상조치^Public Emergency Decree^에 따라 정치활동이

---

* 프로젝트 전임연구원, 비교민주주의연구센터 선임연구위원.

1 기초연구지원 인문사회(토대연구)사업으로서, 연구기간은 2009년 7월 1일~2010년 6월 30일.

2 쿡제도(Cook Islands) · 피지 · 키리바시(Kiribati) · 마셜제도(Marshall Islands) · 나우루(Nauru) · 뉴에이(Niue) · 사모아(Samoa) · 솔로몬제도(Solomon Islands) · 토켈라우(Tokelau) · 통아(Tonga) · 투발루(Tuvalu) · 바누아투(Vanuatu) 등 남태평양 12개 국가가 공동 관리하는 동 지역 최대의 종합대학교로서 수바의 라우달라 캠퍼스에 본부를 두고 있다.

엄격히 제한되고 있는 상황에서[3] 시민과의 면담은 상당히 위험할 것이라는 USP 측의 조언이 있었고, 이를 받아들여 현지조사를 대학당국의 승인을 받은 교내 학술토론회로 국한하기로 결정했다. 물론 방문기간 동안 소수 시민과의 면담을 산발적·비공식적으로 수행했으나 응답자들을 보호하기 위해 그 내용을 공개하지 않고 연구내용에 간접적으로 반영했음을 밝혀둔다.[4]

1. 회의기획과 진행

(1) 기획

원탁회의는 2008년 10월 USP에서 4주간 특강과 연구를 수행한 경험이 있는 연구책임자 김웅진 교수(한국외국어대학교 정치외교학과)와 2009년 10월 현재 USP 사회과학부의 학장이었던 산드라 타트[Sandra Tarte] 교수의 사전협의에 따라 주제 및 방식과 개최일시가 결정되었고, 우리 학자 4명과 연구보조원 2명이 USP를 방문해 현지학자들과 토론을 진행하기로 합의했다.

애당초 본 연구진은 1970년 독립 이후 전개된 피지의 의회정치 역동에 있어서 토착패권(족장패권)의 영향력과 역할 등 6개의 구체적 주제를 제안했으나, 외국학자들과의 정치적 토론에 대한 임시군사정부의 감찰 가능성을 심각하게 우려한 USP 교수들의 제언에 따라 일단 피지의 정치

---

3 2009년 4월 10일 바이니마라마(Frank Voreqe Bainimarama) 제독이 이끄는 현 과도정부(임시군사정권)가 헌법(1997년 헌법)의 효력을 정지하고 정치활동을 제한하는 비상조치를 선포함.

4 김웅진·김지희가 쓴 제1장에 인터뷰 내용이 일부 반영되어 있다.

문화와 정치질서의 역사적 배경에 관한 개괄적인 논의를 진행하되, 회의 당일 여건과 진행상황에 따라 적절한 주제를 추가하기로 했다.

(2) 현지방문과 토론회 진행

본 연구팀은 2009년 10월 19일 난디 국제공항^{Nadi International Airport}5과 수바 인근의 나우소리 공항^{Nausori Airport}을 거쳐 USP 측이 준비한 해양캠퍼스^{Marine Campus} 숙소에 도착했으며, 익일인 10월 20일 오후 1시부터 약 4시간에 걸쳐 라우달라 캠퍼스^{Laucala Campus}6 사회과학부 203호 세미나실에서 현지학자들과의 토론을 진행했다. 사전협의에 따라 토론은 피지 정치질서의 역사적 배경과 정치문화에 한정되었으나 피지인의 정치관, 기본적인 권력배열구도와 족장의 정치적 영향력, 인종정치^{Ethnic politics}의 형성과정, 2006년 쿠데타의 정치적 함의 등 본 연구에 상당한 함의를 갖는 논의가 심도 있게 진행되었다. 세미나 참여자는 아래와 같다.

본 연구진

성명	현직	프로젝트 참여자격
김웅진	한국외국어대학교 정치외교학과 교수	연구책임자
안승국	비교민주주의연구센터 책임연구위원	전임연구원
김지희	비교민주주의연구센터 선임연구위원	전임연구원
김형기	비교민주주의연구센터 선임연구위원	전임연구원
윤지혜	한국외국어대학교 대학원 정치외교학과 석사과정	연구보조원
문보배	한국외국어대학교 대학원 정치외교학과 석사과정	연구보조원

---

5 피지 국토를 구성하고 있는 322개 도서 가운데 가장 큰 섬 비티 레부(Viti Levu)의 서해안 중앙부에 위치한 관광/상업도시(2009년 현재 인구 약 42,000명). 피지로 향하는 거의 모든 국제항공편은 난디 국제공항으로 연결된다. 한국의 대한항공 역시 인천공항-난디 국제공항 직항노선을 유지하고 있다.

6 사회과학부 건물에서 냉방장치를 갖춘 몇 개 안 되는 방 가운데 하나로서, 대형 유리창이 둘러싸고 있기 때문에 "유리상자(Glass Box)"라는 흥미로운 명칭으로 불림.

University of the South Pacific 참가자

성명	현직
ANDERSON, Kylie	Lecturer, School of Government, Development and International Affairs
DURUTALO, Alumita	Lecturer, School of Government, Development and International Affairs
NAIDU, Vijay	Professor and Director of Development Studies, School of Government, Development and International Affairs
RAJ, Ashwin	Ph.D. Scholar
TARTE, Sandra	Associate Professor and Director of Politics and International Affairs Programme School of Government, Development and International Affairs
TUITOGA, Anare	Instructional Designer
TUIMALEALI'IFANO, Morgan	Head, School of Social Sciences

2. 현지학자들의 견해: 종파정치, 인종갈등, 쿠데타와 군부의 정치적 영향력

　총 7명의 USP 학자들이 토론에 참여했으나 비제이 나이두, 산드라 타트, 알루미타 두루탈로, 모건 투이말레알리파노 등 4명의 중견 내지는 원로학자들이 견해를 적극적으로 개진한 반면 나머지 3명의 학자들은 토론과정에서 산발적 발언을 하는 데 그쳤다. 따라서 나이두, 타트, 두루탈로, 투이말레알리파노 교수의 견해를 정리하여 보고하기로 한다. 각 학자의 견해 요약에 첨부된 각주는 읽는 이의 이해를 돕기 위해 본 보고서의 작성자가 추가한 것임을 밝혀둔다.

(1) 비제이 나이두(Vijay Naidu, 인도피지언 남성/개발학, 사회학): 인종갈등의 연원과 쿠데타

원주민-인도피지언의 인종갈등은 전적으로 영국식민통치, 특히 식민 정부에 의해 추진된 계약노동제의 소산이다. 즉, 인종에 따른 분할·지배를 근간으로 한 영국의 식민전략은 원주민 족장들의 과두제적 패권체제를 낳았고, 이러한 패권체제는 독립 이후에도 지속되어 인종정치[Ethnic politics]와 그로부터 야기된 일련의 쿠데타를 초래했다고 말할 수 있다.

원주민 족장세력은 소수 유럽계와 원주민 중산층의 지지에 힘입어 1970년(독립)부터 17년간 국정을 장악했다. 1987년 총선에서 여당인 원주민 동맹당이 패배하고 피지 최초의 다인종 정부인 FLP(피지노동당[Fiji Labour Party])-NFP(국가연맹당[National Federation Party]) 연합정부[7]가 출범했으나, 원주민의 군부 쿠데타에 의해 전복되었다. 뒤이어 발생한 2차의 쿠데타[8] 역시 원주민 인종국수주의자들의 정권장악 시도에 따라 발생한 것이다. 그러나 2006년 12월 쿠데타는 집권세력 내 온건파와 급진파 간의 권력투쟁으로 야기되었으며, 이에 따라 족장들의 권력기반이 잠식되고 원주민 중산층이 분열되었다. 즉, 2006년 쿠데타는 인종국수주의 체제가 다인종민주주의 체제로 전환될 수 있는 계기를 제공함으로써 피지정치의 새로운 장을 열었다. 이 새로운 장의 지속 여부는 2006년 쿠데타를 주도한 바이니마라마 제독의 현 임시정부가 과연 민주화를 지향하는 시민단체의 요구에 부응해 헌법을 개정하고 인종투표제를 보통선거제로 대체할 의지를 갖고 있느냐에 달려 있다.

---

7 인도피지언 정당 NFP와 인도피지언이 주도하는 다인종정당 FLP 연합이 1987년 총선에서 승리하여(총 52석 중 28석 획득) 구성한 연합정부로서 FLP 당수 바반드라(Timoci Bavadra)가 총리로 취임.
8 1987년 9월 람부카의 제2차 쿠데타와 2000년 5월 스페이트(George Speight) 주도하에 최초의 인도피지언 총리 초드리(Mahendra Chaudhry)의 연합정부를 축출한 쿠데타.

(2) 산드라 타트(Sandra Tarte, 유럽계 여성/국제관계): 정치적 패권의 주체와 군부의 정치적 영향력

피지에 있어서 정치적 패권의 주체는 원주민 족장들로 구성된 정치-관료-군부 연합세력이다. 과거의 쿠데타는 이들이 주도하는 정치기제, 특히 족장대평의회와 강력한 후원세력인 감리교단의 지지를 받았다. 그러나 가장 최근에 발생한 2006년 쿠데타는 적어도 표면적으로는 원주민의 정치적 패권과 민족주의(인종주의)를 배척했다는 측면에서 종전의 쿠데타와 명백한 차별성을 보인다. 즉, 2006년 쿠데타의 주도세력은 부패척결과 정치 사회적 공정성을 앞세우며 반(反)인도피지언 정서를 추동하거나 비원주민 집단을 배척하지 않았다. 그러나 쿠데타로 집권한 현 임시군사정부가 장기간에 걸쳐 고착되었을 뿐 아니라 언제든 다시 폭발할 가능성이 있는 원주민 인종주의를 어느 정도 제어할 수 있을지는 미지수이다.

군부는 장래에도 피지정치에 상당한 영향력을 행사할 것이다. 지금까지 군부는 정치적 장의 전면 혹은 배면에서 항상 영향력을 발휘하며 자신들을 국가의 수호자로 간주해왔다. 현 군부 역시 급진적 민족주의자들과 부패한 족장들을 내부의 적으로 간주하여 이들을 제거할 권리와 의무가 있다고 믿고 있다. 그러나 쿠데타는 인종적·계급적·지역적 분절을 가속화하여 정치적 갈등과 균절을 야기했을 뿐이다.

1987년 쿠데타 이후 시민단체가 활성화되고 현 바이니마라마 임시군사정권 역시 정치 사회적 불평등의 제거와 인종투표제의 폐지를 공언하고 있음에 따라 피지 민주주의의 장래를 낙관적으로 볼 수도 있다. 그러나 피지국민은 민주주의에 대해 양가적 태도를 취하고 있으며, 쿠데타의 적법성과 불법성에 대해서도 의견이 일치되지 않고 있다. 따라서 군사적 폭력에 의한 정권교체가 결코 바람직하지 않다는 정치문화가 정착되지 않는 한 피지의 민주주화는 요원하다고 본다.

(3) 알루미타 두루탈로(Alumita Durutalo, 피지 원주민 여성/ 정치학): 종파정치의 역사적 배경

피지인에게 있어서 정치는 본래 "아버지가 가족을 돌보는 것Fatherly business"과 같으며, 원주민의 사회 문화적·인종적 통합성과 연대에 기반을 둔 피지의 종파주의Communalism는 어디까지나 식민통치[9]의 소산이다.[10] 영국 식민정부는 피지 전역에 걸쳐 획일적인 족장의 패권질서가 구축되어 있다는 오판에 따라 이러한 패권질서를 매개로 한 간접통치방식을 채택했다. 즉, 식민정부는 족장들과의 연합을 통해 강력한 권위주의적 정치질서를 구축하려 시도했으며, 그 결과로서 역동성과 가변성을 지닌 전통적 패권질서와 성격을 달리하는 경직된 패권질서가 새롭게 구축되었다. 또한 전통사회에 있어서 족장은 능력에 따라 평민의 존경심과 충성심을 획득했으나, 식민정부가 추진한 피지사회의 재구조화 작업은 식민정부에 대한 충성의 대가로 지역패권을 보장받은 신新족장의 출현을 야기했다. 요컨대 식민정부의 간접통치전략은 "동질성의 식민신화The colonial myth of homogeneity"를 낳았다고 말할 수 있다.

동질성의 신화가 현실로 바뀌면서 전통적 패권질서와 식민정부에 의해 제도화된 패권질서가 융합되어 새로운 정치지형이 출현했고, 이러한 지형 위에서 종파정치Communal politics의 역동이 전개되었다. 즉, 족장에 대한 전통적 충성심, 족장의 패권을 뒷받침하는 다양한 의례와 규범을 중

---

9 영국의 식민통치(1874~1970).

10 이 책의 결론을 작성한 안승국은 Communalism을 "종족공동체주의"로 표현하고 있다.

심으로 한 부족사회(지역사회) 내의 갈등과 권력투쟁이 표출된 것이다. 또한 족장과 바누아^{Vanua}11에 대한 전통적 충성심과 복종이 식민정부에 대한 정치적 지지의 기반으로 작동했으며, 이에 따라 전형적인 후견-수혜정치$^{Patron-client\ politics}$가 출현하여 오늘날 피지 정치지형의 기본구도가 완성되었다. 이와 같은 식민통치의 잔재는 독립헌법12에 그대로 반영되어 인종투표제$^{Communal\ voting\ system}$13를 낳았고, 1970년부터 1987년까지 집권한 원주민의 동맹당$^{Alliance\ Party}$14과 족장대평의회$^{Bose\ Levu\ Vakaturaga}$15의 지지를 받아 1991년 이후 집권한 SVT$^{Soqosoqo\ ni\ Vakavulewa\ ni\ Taukei}$16는 원주민의 패권기제를 통해 바로 이러한 후원-수혜정치의 강력한 네트워크를 결성하는 데 성공했다고 볼 수 있다.

---

11 피지의 전통적 사회조직은 이 토카토카(*i tokatoka*, 소규모 가문)-마탕갈리(*mataqali*, 씨족으로서 이 토카토카 연합체)-자부사(*yavusa*, 부족으로서 마탕갈리 연합체)-바누아(*vanua*, 지역적 부족연합으로서 자부사 연합체)-마타니투(*matanitu*, 대규모 정치연합으로서 바누아 연합체)로 구성된다(김웅진, 2009, 30~34 참조).

12 1970년 10월 10일 독립과 더불어 선포된 피지 최초의 헌법.

13 인종투표제에 관해서는 이 책의 제3장 "피지의 정당분절과 선거공학의 연대기"에 상세히 소개되어 있음.

14 독립 이전인 1966년 현대 피지의 국부(國父)로 추앙받는 수뇌족장 카미세세 마라(Kamisese Mara, 1920~2004)의 영도하에 창설된 원주민의 인종국수주의 정당. 1987년 총선에서 정권을 상실한 후 1987년 군부 쿠데타 발생과 더불어 해체됨.

15 Great Council of Chiefs. 식민 초기인 1876년 원주민법(Native Affairs Ordinance)에 따라 총독의 자문기관으로 출발. 각 지역을 대표하는 족장들로 구성되었으며 원주민관리위원회(Native Regulation Board)와 더불어 원주민 생활 전반에 관한 법규를 제정하는 등 식민정부의 대표적인 간접통치기제가 됨. 독립 이후에도 대통령을 지명하고 32명의 상원의원 가운데 14명을 건의하는 등 원주민 최고의 권력기구(헌법기구)로서 작동. 2006년 쿠데타로 집권한 바이니마라마 과도정부와 지속적인 정치적 마찰로 인해 2007년 4월 기능이 정지되었고, 2012년 3월 14일 완전히 해체됨.

16 1990년 족장대평의회의 정치적 도구로 출발한 원주민 인종국수주의 정당. 1987년 5월 군사 쿠데타를 통해 다인종 연합정부를 축출한 람부카(Sitiveni Rabuka) 중령과 더불어 1990년대 피지정치를 주도하였음. 1992년 총선에서 승리했으나 내부이 심화되고 감리교단 등 지지세력이 이탈하자 1999년 총선에서 대패, 2006년 선거에서는 단 한 석도 획득하지 못함(김웅진 2009, 131~133 참조).

(4) 모건 투이말레알리파노(Morgan Tuimaleali'ifano, 사모아계 남성/역사학): 족장의 정치적 위상과 영향력

피지사회는 전적으로 족장, 곧 지도자에 의해 추동되는 사회[Leader-driven society]이다. 1세기에 걸친 영국의 식민통치가 끝난 후에도 전통적인 족장의 패권구조가 비단 원주민 사회뿐 아니라 정치사회 전반에 걸쳐 심대한 영향력을 행사해 왔다. 예컨대 약 7,200명에 달하는 족장으로 구성된 헌법기관인 족장대평의회가 원주민 최고의 권력기구로 자리 잡아 토착패권을 포괄하고 있고, 국토신탁위원회[Native Land Trust Board]17와 더불어 국토의 90%에 달하는 토지를 관리·통제하고 있다.

그러나 오늘날 피지의 의회정치, 특히 선거정치에 있어서 전통적 족장패권의 영향력은 상당히 축소되었고, 이에 따라 단순히 족장 타이틀을 지녔다 해서 의회에 진출할 수 있는 것은 아니다. 그러나 지역사회의 패권을 장악한 수뇌족장들은 선거결과를 포함하여 피지정치 전반에 걸쳐 지대한 정치적 영향력을 행사해왔다. 예로서 1970년대와 1980년에 걸쳐 피지정치는 4명의 라뚜[Ratu], 즉 수뇌족장18에 의해 좌지우지되었다.

오늘날에 이르러서는 바누아19의 수뇌족장 타이틀 계승을 둘러싼 권력투쟁이 원주민 리더십의 약화를 조장하고 있다. 총선거는 전통적 족장체제의 강고성을 진단할 수 있는 좋은 척도이다. 종전에는 족장 타이

---

17 1940년에 설치된 현 TLTB(*iTaukei* Land Trust Board)의 전신. 영국 식민정부에 의해 영국왕실 소유로 선언된 토지(Crown Land, 피지 국토의 87%)의 원소유자의 권리를 보호, 대행하고 상업적 이용을 관리하는 기구로서 출발. 현재 *iTaukei* land는 사적으로 매매될 수 없고 단지 국가에 매도할 수 있을 뿐이며, 농경, 거주, 또는 산업용으로 사용하려 할 경우에는 30~99년간 지속되는 계약을 통해 임대함. TLTB는 *iTaukei* land의 관리와 임대, 원소유자를 대신한 임대료 수취 및 수취된 임대료 일부를 신탁 관리하여 공공용도로 사용하는 역할을 수행하고 있음.

18 수뇌족장 조지 다콤바우 경*Ratu* Sir George Cakobau, 수뇌족장 에드워드 다콤바우 경*Ratu* Sir Edward Cakobau, 수뇌족장 카미세세 마라 경*Ratu* Sir Kamisese Mara, 수뇌족장 페나이아 가닐라우 경*Ratu* Sir Penaia Ganilau.

19 이 장의 각주 14)를 다시 볼 것.

틀을 지닌 후보자들이 당연히 의회로 진출한다는 관념이 정착되어 있었다. 그러나 최근의 선거결과[20]는 이러한 관념이 더 이상 통하지 않는다는 증거가 된다. 즉, 단지 세습을 통해 족장 타이틀을 얻은 사람들은 정치권력으로부터 점차 유리되고 있는 반면, 고학력자, 전문직, 군부와 더불어 강력한 정치적 영향력을 행사하는 감리교단의 후원을 받는 인사들이 의회로 진출하고 있다. 즉, 피지인들은 이제 족장 타이틀이 아니라 국정수행능력과 정치적 배경에 따라 후보자를 판단하는 경향을 보이고 있으며, 이러한 경향은 비단 피지뿐만 아니라 사모아와 통아에서도 표출되고 있다.

3. 평가와 요약

우선 토론의 진행과정에서 현지학자들이 감찰 가능성을 고려해 발언 내용과 수위를 의도적으로 제어하는 경향이 탐지되었다. 즉, 세미나가 USP 캠퍼스 내에서 비공개적으로 진행되었음에도 불구하고 토론의 범주가 피지정치의 역사 문화적 배경에 제한되었으며, 일부 학자만이 현 바이니마라마 임시군사정권의 성격과 전망에 관한 견해를 산발적으로 제시했을 뿐이다. 또한 인종적 배경에 따라 견해의 미세한 상이성이 표출되었다. 예컨대 원주민 학자들은 전통적 족장패권을 긍정적으로 해석하는 시각을 보인 반면, 인도피지언 학자와 유럽계 학자는 부정적 입장을 취하며 비판적 견해를 제시했다. 아울러 모든 학자가 인종갈등을 식민통치의 유산으로 지적함으로써 현 피지정치의 불안정성을 전통적 정

---

20 1999년, 2001년, 2006년 총선.

치질서의 방만성이라는 내적 인자의 소산이라기보다는 외적 인자, 곧 식민통치의 충격으로 간주하는 경향을 보였다. 다시 말해서 인종정치는 어디까지나 외부세력(식민당국)에 의한 피지사회의 강압적 재구조화에 근원을 두고 있다는 것이다. 현지학자들의 견해를 전반적으로 요약하면 아래와 같다.

피지정치의 가장 두드러진 특징은 종파주의이며, 특히 1970년 독립헌법을 통해 도입된 인종투표제가 정치 불안정의 핵심인자로서 작동해왔다. 종파주의는 식민정부가 피지사회를 인종적으로 구획함으로써 원주민과 인도피지언의 지역적·경제 사회적·정치적 차별화가 이루어짐에 따라 나타난 것이며, 이로부터 상호배타적 정치조직이 출현하여 인종정치의 기본구도가 형성되었다.

그러나 이미 식민시대에 시작된 사회변동은 이분법적 인종구획구도를 상당 부분 이완시켰다. 도시화가 진행되고 노동(고용)구조가 변화함에 따라 원주민의 전통적 지역사회가 점진적으로 붕괴되었으며, 그 여파로서 새로운 다인종 사회조직이 출현하면서 무조건적 종파주의가 상당 부분 희석되었다. 그럼에도 불구하고 종파주의는 정당정치에 지속적인 영향력을 행사해왔다. 예컨대 제당업은 원주민의 생활수준을 향상시키는 데 요구되는 경제적 자원의 거의 유일한 원천이었으나, 제당업을 주도하고 있던 인도피지언들은 원주민만을 위한 경제생산양식을 결코 수용할 수 없었다. 이러한 대립구도하에서 양 인종을 대표하는 정당들은 정치 경제적 목적을 달성하기 위해서는 거래와 절충을 피할 수 없는 상황에 봉착했음에도 불구하고 영합적$^{zero-sum}$ 태도를 견지해왔고, 이에 따라 국가건설에 요구되는 국민적 정체성이 형성되지 않았다.

영합적 입장은 독립 후 의회정치, 특히 선거정치에 액면 그대로 반영되었다. 독립헌법은 원주민-인도피지언 간의 정치적 절충을 반영했다고 볼 수 있다. 즉, 인도피지언은 애당초 보통선거제를 요구했음에도 불구하고 일단 원주민이 제안한 인종투표제를 수용했다. 정치적 양보가 장래에 보다 민주적인 투표제의 도입을 가져오리라 기대했기 때문이다. 그러나 인종투표제는 정당의 인종성을 더욱 부각시켰을 뿐 아니라, 정당정치가 인종집단 내 갈등과 인종집단 간 갈등이라는 이중적 맥락에서 전개되도록 만들었다. 정당들은 선거에서 승리하기 위해 인종적 차별성을 강조할 수밖에 없었고, 인종집단은 정당정치의 볼모가 된 것이다. 이러한 영합적 상황에서 헌법이 상정한 코포라티즘적 다인종주의, 즉 인종 간 협력에 따른 국가건설은 바로 헌법이 도입한 종파주의적 기제에 의해 달성될 수 없었다. 1987년 이래 제4차에 걸쳐 발생한 군사 쿠데타는 원주민 통치 엘리트들이 원주민 사회의 분열을 극복하기 위해 택한 초법적 수단이었다.

현대 피지의 정치적 역동은 종파주의의 정치적 위험성을 여실히 보여준다. 즉, 피지정치의 안정성은 원주민-인도피지언 간의 정치 경제적·사회적 형평성을 유지하는 데 달려 있으나, 양 인종집단의 지도자들은 오히려 형평상태를 타파함으로써 배타적 발전과 성장을 달성하려 했다. 또한 원주민들과 인도피지언들은 교육수준의 향상과 도시화로 인해 뒤섞여 살고, 일하고, 학교에 다니게 되었음에도 불구하고 사회적·종교적 기제의 조작으로 인해 인종적 배타성을 탈피하지 못하고 있다. 더 나아가 1990년 이후 농촌개발계획 실패와 쿠데타의 여파로 인해 경제상황이 급속히 악화되면서 다인종민주주의는 더욱 기대하기 어렵게 되었다.

사회적 분절구조와 정치제도의 변화
· · · · · · · · ·

안승국*

앞에서 논의된 바와 같이 사회적 분절구조를 갖고 있는 피지와 바누아투가 직면하고 있는 문제들 중 하나는 언어·종족적 다양성과 민주주의를 어떻게 조화시키는가 하는 것이다. 독립 이후 서구민주주의 제도를 도입했지만 사회적 다양성의 부정적 결과는 독재와 민주주의의 실패로 나타났다. 허약한 정당, 분열된 의회, 무능한 정부는 종족 간, 언어공동체 간 갈등을 해소시키지 못하고 있다.

언어·종족적 다양성에 대한 정치제도적 대응은 세 가지 방식으로 추구될 수 있다. 첫째, 군부 통치하의 미얀마와 같이 언어·종족적 요구와 동원을 권위주의적 통제를 통해 억제하는 것이다. 둘째, 피지와 같이 특정 종족에 유리한 선거제도를 구축해놓고 정치적 경쟁을 허용하여 언어·종족적 문제의 정치쟁점화를 최소화하는 것이다. 셋째, 언어·종족적 다양성을 현실적으로 인정하여 차별 없는 보통선거를 허용하는 것이다. 이러한 대응방식들은 언어·종족정치와 정치제도와의 상호작용을 통해서 이루어지며 갈등관리를 위한 정치공학적 제도설계를 필요로 한다.

정치 공학적 제도설계는 협의주의^{Consociationalism}, 구심주의^{Centripetalism}, 종족공동체주의^{Communalism}로 나누어볼 수 있다. 협의주의는 비례대표제를 기반으로 하여 언어·종족정당들이 각기 대표성을 추구하며 대연합 $^{Grand \ coalition}$을 통해 정부를 구성하도록 한다(Lijphart 1999). 구심주의는 단기이양식과 같이 선호이전이 가능한 제도를 통해 정당들이 전체 유권자에 의존하도록 하여 탈종족정당 내지는 다종족정당의 형성을 추구하도록 한다(Horowitz 1991). 종족공동체주의는 종족투표에 의존하는 정당들 간 의석점유에 따라 권력공유를 지향하도록 하는 것이다(Reilly 2001).

1. 피지의 종족분절과 정치제도변화

약 3,500년경 멜라네시안과 폴리네시아인이 정착하면서 형성된 피지는 1643년 네덜란드인 타즈만$^{Abel \ Tasman}$에 의해 유럽에 알려지게 됐다. 내부 혼란을 해소하고 피지제도를 통일한 바우족의 다콤바우왕$^{King \ Cakobau}$은 자신의 권력안정과 종교문제 등의 해결을 위해 영국에 피지를 양도했는데 이때부터 약 1세기 동안 영국의 식민통치가 지속됐다. 1970년 독립이래로 피지의 정치제도는 족장대평의회$^{Great \ Council \ of \ Chiefs}$,[1] 군부, 정부, 의회, 정당 등에 의한 위기관리를 통해서 전개되어왔다. 이 과정에 있어서 문제의 핵심은 식민통치의 유산으로서 원주민의 정치적 우위와 인도계 주민의 경제적 번영이라는 현실을 어떻게 조화시킬 수 있는가 하는 것이었다. 식민통치 시기 사탕수수 재배를 위해 인도에서 이주시켰던 노

---

* 프로젝트 전임연구원, 비교민주주의연구센터 책임연구위원.
1 *Bose Levu Vakaturaga.*

동자들은 종족분절의 구조적 조건을 형성시켰던 것이다. 독립 이후부터 만성화된 이 문제는 반복적으로 헌정질서를 균열시켜왔으며 쿠데타를 통해 군부를 주요 정치행위자로 등장시키는 요인으로 작용했다.

종족분절의 정치구조 내면에는 선거제도가 있었다. 원래 독립과 자치를 추구하는 과정에서 종족분열에서 종족통합으로 정책방향을 선회했던 영국은 종족대표성을 보통선거권으로 대체하려고 했으나 정치적 주도권을 상실할 수도 있다는 우려를 한 원주민들의 반대로 무산된 바 있었다. 이러한 상황에서 1970년 헌법에서 내각제를 도입하고 종족투표Communal voting와 교차투표Cross voting의 병립을 규정했다. 이러한 선거제도는 의회의 다종족적 형성을 가능하게 했다. 그러나 내각의 구성은 영국식 내각제의 전형과 같이 총리의 선호에 따라 구성되었으나 야당의 참여나 종족안배는 고려되지 않았다(Palmer 2005, 209).

피지에서는 독립 이래 원주민을 대표하는 정당과 인도계 주민을 기반으로 하는 정당이 공존해왔다. 원주민 정당은 인도계 주민이 수적으로 우세한 경우 선거에 불리하게 되며 반대의 경우 역시 인도계 정당도 동일한 상황에 놓이게 되기 때문에 선거제도는 정치인과 유권자 모두의 관심사였다(Reilly 2001, 4). 1977년 선거에서 마침내 인도계 정당이 의석의 과반수를 차지하게 되었지만 원주민들이 인도계 출신의 총리를 받아들일지의 문제가 발생되었다.[2] 피지는 1982년 선거에서 원주민 정당이 28석, 인도계 정당이 22석을 차지하면서부터 두 정당 간의 갈등이 시작됐고, 정치적으로 불안한 상황이 지속됐다. 1987년 선거에서 다시 인도계 정당인 연맹당Coalition Party이 과반수를 차지하면서 과반수의 각료가 인도계로 구성됐다. 이때부터 원주민들의 불안이 시작됐으며 그 결과

---

2 4월 총선에서 마라(Mara) 총리의 동맹당(Alliance Party)이 다수의석 확보에 실패하였으나 의회 해산 후 9월 선거를 통해 재집권했다.

군사령관 출신 람부카$^{Sitiveni\ Rabuka}$가 쿠데타를 일으켜 모든 각료를 원주민으로 교체시켰다.

1990년 7월에 공포된 신헌법은 원주민들의 정치적 우위를 확보하도록 했다. 신헌법에 따라 원주민은 임기 6년의 상원 34석 중 24석을, 임기 5년의 하원 70석 중 37석을 획득하도록 했다(Kelly and Kaplan 2001, 175). 1996년 헌법재판소$^{Constitutional\ Review\ Commission}$는 정당 간 자발적 협력을 통해 종족집단 간 권력공유를 추구하고 다종족정당에 대한 지지를 증가시킬 것을 제안했다. 이러한 목적을 위해 헌법재판소는 비종족적이면서 대선거구를 특징으로 하는 대안투표제$^{Alternative\ Vote}$를 도입하도록 했으며 종족 간 협력에 대한 강제조항(99조)을 규정했다. 헌법 99조에는 최소 10퍼센트의 의석을 가진 모든 정당들은 내각구성에 참여하도록 되어 있다(Fraenkel 2009, 295).

1997년 헌법은 원주민정당의 정치적 우위를 자동적으로 보장하도록 되어 있지는 않았다. 하원 71개의 의석 중 원주민 정당이 23석을, 인도계 정당이 19석을 종족투표로 보장하고 있지만 25석은 경쟁에 놓여 있었기 때문이었다(Kelly and Kaplan 2001, 176). 1997년 1위대표제에서 대안투표제로 전환되었을 때 새로운 선거제도는 다종족정부의 형성에 기여할 것으로 기대됐었다. 그러나 대안투표제를 세 번 시행한 결과 투표결과는 이전과 같이 양극화되어 나타났다. 즉, 원주민들과 인도계 주민들은 각기 그들의 정당을 압도적으로 지지했던 것이다. 대안투표제의 도입에 따른 선거결과는 2000년과 2006년 쿠데타 발생의 계기가 됐다. 대안투표제는 온건중도파의 당선가능성을 높이고 극단적 종족주의자들을 감소시키기 위한 것이었다. 그러나 대안투표제는 이념적으로나 정책적으로 이질적인 정당들 간의 연합을 촉진하게 되어 정부는 허약한 기반에 놓이게 되었다.^{3} 이러한 상황은 결과적으로 원주민정당과 제휴했었던 초드리^{Mahendra Chaudhry} 총리의 피지노동당^{Fiji Labor Party} 정부를 붕괴시키는 결과를 초래했던 것이다(Fraser 2000).

1999년 선거에서 인도계 정당이 승리하면서 초드리가 첫 인도계 총리로 취임하자 2000년 5월 원주민 사업가인 스페이트^{George Speight} 주도로 쿠데타가 발생했고 총리를 포함한 각료들이 56일 동안 억류되는 사태가 벌어졌다. 바이니마라마 제독^{Commodore Frank Voreqe Bainimarama}은 2000년 5월 쿠데타를 진압한 주역으로 전반적으로 원주민들의 지지를 받았다. 가라세^{Laisenia Qarase} 총리는 2000년 쿠데타가 진압된 후 바이니마라마의 지지로 집권했으나 인도계 주민들에 불이익을 주고 각료들이 부정부패 혐의에 연루되면서 바이니마라마와의 관계가 악화됐다. 마침내 2006년 12월 바이니마라마가 이끄는 군부는 가라세 총리를 축출하고 과도정부를 구성했다. 쿠데타는 오래전부터 예견되어 있었다. 가라세 정부가 추진해왔던 「화해·관용·통합 증진법안^{Reconciliation, Tolerance and Unity Bill}」에 대해 바이니마라마가 반대해왔기 때문이었다.[4] 5월 총선에서 압도적 지지를 받은 가라세 총리는 이들 법안 도입을 더욱 강력하게 추진했고, 바이니마라마가 중동을 방문한 사이 그를 해임했다.[5] 귀국한 바이니마라마는 해임 조치에 불복하는 한편 법안 도입을 철회하지 않을 경우 가라세 정부를 붕괴시킬 것을 공개적으로 선언했었다. 그리고 자신이 정한 법안 철회 시한이었던 12월 5일을 기해 군대를 동원했던 것이었다.

결국 2006년 쿠데타 역시 피지를 양분하고 있는 원주민과 인도계 주

---

3 양대 종족정당들의 내각참여를 통해 종족분열을 해소하도록 한 것은 웨스트민스터모델의 승자 독식적 내각을 극복하는 측면도 있었지만 현실적으로 결속력 있는 내각을 구성하는 데는 한계가 있었다.

4 동 법안의 2000년 쿠데타 관련자에 대한 사면조항을 둘러싸고 찬반양론이 격화되었다. 여당인 통합피지당, 대족장평의회, 원주민 계열의 피지 감리교단에서는 찬성의 입장이었고 야당인 피지노동당과 변호사 협회(Law Society), 인도계 피지인협회는 반대의사를 표명했다.

5 2006년 5월의 총선 결과 하원의 정당별 의석 분포는 통합피지당(SDL) 36석, 피지노동당(FLP) 31석, 통합인민당(UPP) 2석, 독립당 2석 등이었다.

민 사이의 종족갈등이 원인이라는 점에선 기존에 발생했었던 쿠데타와 다르지 않았다. 이전 쿠데타들이 원주민의 정치적 우위를 지향했다면, 2006년 쿠데타는 인도계 주민을 지지기반으로 하고 있다는 점만 차이가 있는 것이다. 이와 같이 독립 이후 40년이 지났지만 종족분절의 부정적 영향은 지금까지 지속되고 있다. 헌법개정과 쿠데타의 경험을 통해 원주민의 정치적 우위를 위한 구조적 조건을 형성시켜왔기 때문에 인도계 정당이 권력을 독점하는 결과가 나타난다면 이를 무효화하려는 쿠데타의 가능성은 여전히 존재한다고 할 수 있을 것이다.

2. 바누아투의 언어·종교분절과 정치제도변화

바누아투공화국^{Republic of Vanuatu}은 솔로몬제도의 남동쪽, 남태평양에 있는 13개의 섬들로 구성되며 오랫동안 영국과 프랑스의 공동통치령이었던 뉴헤브리디스^{New Hebrides}가 1980년 7월 독립하여 수립됐다. 바누아투라는 국명은 1980년 독립 당시 뉴헤브리디스를 개명한 것이다. 바누아투 주민의 대부분은 멜라네시아인으로 전체 인구의 90퍼센트를 차지하며 그 밖에 폴리네시아인, 유럽인, 중국인, 인도네시아인 등이 거주하고 있다. 언어는 멜라네시아 혼합어인 비스라마어^{Bislama}를 국어로 사용하고 있으나 오랫동안 영국·프랑스 공동통치하에 있었기 때문에 영어와 프랑스어가 공용어로 되어 있다. 종교는 장로교나 로만 가톨릭과 같은 기독교가 80퍼센트이다. 바누아투는 영국·프랑스 양국에 의한 공동통치경험에 놓여 있었기 때문에 주민은 언어·종교·정치 면에서 분열되어 있으며 영국문화, 프랑스문화 및 전통문화가 공존하고 있다.

뉴헤브리디스제도가 포르투갈인 끼로스$^{Fernandez\ de\ Quiros}$에게 발견된 것은 17세기 초였다. 18세기에 영국이 진출하면서 쿡$^{James\ Cook}$이 이 제도를 탐험하여 섬들을 뉴헤브리디스라고 명명했다. 19세기 후반 프랑스의 진출은 영국뿐만 아니라, 오스트레일리아 및 뉴질랜드의 불신을 야기해 프랑스에 대한 강력한 대응의 필요성이 제기되었다. 1868년경 주로 영국과 프랑스의 목화 재배업자들이 들어오면서 양국 간 갈등이 초래되기 시작했다.

1878년에는 프랑스와 영국이 협정을 체결하고 뉴헤브리디스의 주권 존중을 합의하였으나 프랑스가 1882년 칼레도니아 회사를 설립하고 식민지화를 추구하면서 다시 갈등이 초래됐다. 영국과 프랑스 간의 이권 경쟁은 뉴헤브리디스를 관리하기 위해 1887년 합동해군단을 창설함으로써 해소되었다. 이를 계기로 양국은 협력을 모색하게 되어 1906년 공동통치정부를 세우기로 합의했다. 오랜 협의 끝에 1914년 8월 협정을 체결하고 이른바 '영국·프랑스 공동통치'가 시작됐다. 1922년에는 새로운 의정서가 체결되고 이후의 공동통치제를 규정했다. 이와 같은 영-불 조약$^{Anglo-French\ Protocol}$으로 20세기 초에 공동위임통치를 하게 되었고 동일한 영향력을 행사하게 되었다. 영국과 프랑스는 공동통치정부의 수도였으며 지금은 바누아투공화국 수도인 포트빌라에 상주하던 판무관들을 통해 권한을 행사하게 했다.

1960년대 말에는 나그리아멜^{Nagriamel} 운동이 북부지역에서 많은 지지자들을 결속시켰다. 나그리아멜은 점점 정치화되어 1971년 유엔에 바누아투의 독립에 대한 '자유선택 조항'을 청원하게 된다. 영국과 프랑스는 공동통치의 조건에서 둘 중 어느 나라도 상대국 없이 철수하지 않는다는 것에 동의하였으며 이것은 독립운동을 무력화시켰다. 1974~1975년까지 헌법개정은 지연됐고 주민들이 좀 더 많은 권리를 얻기 위해 동요하게 되자 영국과 프랑스는 선거를 승인했다. 1977년부터 친영국계 바누아쿠당^{Vanua'aku party}을 중심으로 하는 독립운동이 고조되면서 실질적인 행정은 자치정부에서 행해졌다.

지역별로 정당이 수립된 후 대표제의회(1974~1977)를 구성했으나 곧 해체됐다. 영국과 프랑스, 뉴헤브리디스 대표들이 참석한 1977년의 파리회담에서 독립에 합의한 뒤 1979년에 선거를 실시했고 헌법을 제정했다. 1979년 총선결과 바누아쿠당이 압승하여 집권세력이었던 프랑스파는 참패했다. 영국과 프랑스 군은 대도시에서 발생되는 폭동과 강탈을 저지할 수 없게 됐고 마침내 지역정부는 질서를 회복하기 위해 파푸아뉴기니에 군사적 지원을 요청하게 됐으며 1980년 7월 30일에 독립이 선언됐다.

식민통치의 영향으로 바누아투는 영어권과 불어권이라는 두 개의 영역으로 구분된다. 언어는 사회적 분열과 정치적 갈등의 배경으로 작용하고 있다. 피지나 파푸아뉴기니와 같은 국가들과 달리 바누아투에서는 영어가 종족적 이질성을 완화시키는 통합적인 역할을 하지 못하고 있다. 영어의 공용화는 영어권, 비가톨릭 집단의 우위를 의미하는 것이기 때문에 불어권, 가톨릭 집단에서는 받아들이지 않고 있는 것이다. 따라서 바누아투에서는 분리된 교육제도를 통해 언어적·종교적 분열이 지속되고 있는 것이다.

1980년 헌법은 종족적·언어적·문화적 상이성을 인정하고 있으며 동시에 단일한 국민국가의 건설과 조화시킬 것으로 명문화하여 통합성 내에 다양성을 추구하고 있다.⁶ 바누아투는 대통령을 국가원수로 정부 수반을 총리로 하는 내각제를 채택하고 있다. 총리는 다수당 대표로 의

---

6 헌법에는 통합되고 자유로운 바누아투공화국은 전통적 멜라네시안 가치, 신에 대한 신념, 기독교 원리를 기반으로 수립됐다고 명시하고 있다.

회에서 선출되며 실질적인 권한을 행사하고 있다. 대통령은 국회와 주의회 의장들로 구성되는 대통령 선거인단에 의해 5년 임기로 선출된다. 의회는 단원제이고, 의석은 52명으로 임기는 4년이다. 언어 및 종교적 분열에 따라 정당구성도 친영어권정당과 친불어권정당으로 나뉘어져 있으며 비공식적으로 언어공동체와 종교공동체에 연계되어 있다.

독립 이후 10여 년 동안 의회는 바누아쿠당의 우세로 안정적으로 유지되었으나 1991년 이후 독점적 지위를 상실하여 특정 정당이 과반수 의석을 획득하지 못하게 됐다.[7] 따라서 국민통합당(NUP), 온건연합당(UMP), 바누아쿠당(VP), 바누아투공화당(VRP), 멜라네시아진보당(MPP), 바누아투녹색당(VGP) 등이 분점하고 있어 연립정부를 구성함에 따라 불신임을 통한 내각교체의 가능성이 높아졌다.[8] 이러한 상황에서 2004년 의회는 첫해와 마지막 해의 불신임 의결을 금지하는 개헌안을 통과시켜 내각 안정성을 추구했다(Parterson 2009, 251~252).

정권교체는 영어권정당과 불어권정당에 의해 불규칙적으로 이루어지고 있다. 리니[Walter Lini]로부터 총리직을 이어받은 캘포커스[Donald Kalpokas]는 1991년 선거에서 불어권 정당인 온건연합당의 승리로 정권을 상실했다. 이후 1995년 선거에서 영어권정당의 내분으로 또다시 불어권정당이 승리하여 정권을 유지했다. 그러나 1997년 9월 레예[Jean-Marie Leye] 대통령이 의회를 해산시키고, 새로운 선거를 실시했으며 1998년 3월에 새로운 정부를 설립했다. 2008년도 총선 후 새로 구성된 의회는 최대다수당인 바누아쿠당의 나타페이[Edward Natapei] 당수를 신임총리로 선출했다. 신정부는 7개 정당으로 구성된 다당연립정부였지만 체제안정에 중점을 두었다.

---

7 독립 이후 1991년까지는 최소승자(Minimal winning) 내각이었으며 이후에는 과대규모(Oversized) 내각으로 구성됐다.

8 독립 이후 2001년까지 바누아투의 내각평균존속기간은 18개월로 1987년까지 60개월이었던 피지의 경우에 비해 짧았다고 할 수 있다.

3. 정치공학적 제도의 설계

종족·언어분절에 놓여 있는 피지와 바누아투에서 어떠한 대안적 정치제도를 모색할 수 있을 것인가? 현실적으로 피지에서는 두 개의 유형이 존재해왔다. 웨스트민스터모델의 승자독식형과 1997년 헌법에서 규정한 협의제형이다. 승자독식형은 웨스트민스터모델의 전형적인 특성을 반영하고 있지만 인도계 정당의 집권을 허용하지 않으려는 원주민이 주도한 쿠데타를 통해 비정상적으로 유지되어왔다. 종족투표를 통해 단일정당정부의 수립이 가능하지만 인도계 정당의 권력독점이 인정되기 어렵기 때문에 협의주의가 추구되었던 것이다.

현재 피지의 제도양식을 보면 협의주의, 구심주의, 종족공동체주의라는 정치공학적 모델이 개별적으로 도입됐다기보다는 하나의 조합으로 반영되어 있다. 1997년 헌법의 권력공유조항은 협의제적 연립정부구성, 종족투표제는 종족공동체주의, 대안투표제는 구심주의와 관련되어 있는 것이다. 따라서 이와 같은 혼합형도 대안으로 추구될 수 있으며 구체적인 제도도입에 따라 특정유형의 성격이 강화될 수도 있다.

종족대표성을 인정하고 있는 피지의 현 상황을 고려한다면 구심체주의보다는 협의주의가 더 적합하다고 할 수 있다. 종족정치의 성격을 약화시키는 구심체주의도 바람직하지만 다종족정당 또는 탈종족정당의 형성이 단기간에 이루어지기 어렵기 때문에 종족협력을 강화시킬 수 있는 대안이 더 현실적이라고 할 수 있는 것이다. 그러나 현재와 같이 종족투표를 유지하면서 헌법조항을 통한 연립정부의 구성을 추구하기보다는 비례대표제의 도입 등 선거제도의 개혁을 통해 보다 확고하게 협의주의를 구축해야 할 것이다.

내각구성을 정당 간 연합에 의존하고 의회가 다수의 정당에 의해 분절되어 있는 바누아투에서도 협의제는 고려할 만한 대안이다. 특히 피지에 비해 의회분절도가 높아 웨스트민스터모델의 승자독식형 단일정당정부의 구성가능성이 높지 않기 때문에 협의주의에 적합한 조건을 갖고 있다고 할 수 있다. 또한 피지와 달리 종족투표를 실시하지 않고 있기 때문에 제도전환에 따른 후유증을 최소화할 수 있다. 현실적으로 비례대표제의 전면적 도입은 어렵기 때문에 기존의 단기비이양식 다수대표제와의 병존을 추구해야 할 것이다. 또한 군소정당의 거부권을 보장하는 협의제의 도입은 민주주의를 확대시키는 조치로 간주될 수 있다.

::참고문헌

김경학. 2005. "피지계 인도인의 초국가적 성격." 『인도연구』 10:2.

김웅진. 2009. 『피지: 정적과 혼돈의 섬』. 파주: 한국학술정보(주).

_____. 2010a. 「토착 헤게모니 질서의 기제적 변용: 피지(FIJI)의 '족장 민주주의'와 인종정치」. 『비교민주주의연구』 5집 2호.

_____. 2010b. 「남태평양에 있어서 식민 후 권력배열 재편성: 피지의 '종족정치'와 바누아투의 '언어정치'」. 『세계지역연구논총』 28집 3호.

김웅진·비제이 나이두(Vijay Naidu). 2009. 「피지의 쿠데타 정치: 다인종민주주의-인종국수주의의 진자」. 『국제지역연구』 12집 4호.

김진호·강병철·김순임. 2010. 「피지 군부의 정치개입」. 『동서연구』 22권 1호.

이태주. 2000. 「멜라네시아의 토지 공동체주의와 전통의 정치: 피지 마을의 토지분쟁 사례를 중심으로」. 『한국문화인류학』 33집 1호.

_____. 2003. 「남태평양 원주민 민족주의와 종족정치-인도계 피지인과 원주민들 간의 종족갈등 사례를 중심으로」. 『국제지역연구』 7집 3호.

_____. 2011. 「피지 쿠데타의 문화적 근원과 추장제 전통의 위기」. 『국제지역연구』 15권 1호.

홍재우. 2008. 「호주의 정당체계와 선거제도」. 이정희 외. 『지구촌의 정당과 선거』. 서울: 한국외국어대학교 출판부.

Ambrose, W. 1997. "Vanuatu Politics: Two into One Won't Go." *Pacific Economic Bulletin* 12:2.

Beasant, J. 1984, *The Santo Rebellion, an Imperial Reckoning*. Honolulu: University of Hawaii Press.

Bolton, L. 1992. "Chief Willie Bongmatur Maldo and the Incorporation of Chiefs into the Vanuatu State." *Discussion Paper, Research School of Pacific and Asian Studies, The Australian National University*.

Constitutional Review Commission. 1996. *The Fiji Islands: Towards a United Future*. Parliamentary paper. No. 34 of 1996. Suva: Parliament of Fiji.

Copetas, C. 2007. "On Fiji, a Crop of Soldiers Fuels Economy." *New York Times* October 30.

Crocombe, R. 2008. *The South Pacific*. Suva: IPS Publication, University of the South Pacific.

Donnelly, T. A., Quanchi, M. and Kerr, G. J. A. 1994. *Fiji in the Pacific*. Milton: John Wiley

& Sons Australia.

Douglas, B. 1998. *Across the Great Divide: Journeys in History and Anthropology*. Amsterdam: Harwood Academic Publishers.

Durutalo, A. 2007. "Defending the inheritance: The SDL and the 2006 election." In Fraenkel, J. and Firth, S., eds. *From Election to Coup in Fiji*. Canberra and Suva: ANU E Press, Asia Pacific Press and IPS Publications.

Firth, S. and Fraenkel, J. 2009. "The Fiji Military and Ethno-Nationalism: Analyzing the Paradox." In Fraenkel, J., Firth, S., and Lal, B. V. eds. *The 2006 Military Takeover in Fiji: A coup to End All Coups?* Canberra, Australia: ANU E Press.

Firth, S. and Lal, B. V. 2009. "The Political Roles of the Fiji Military: A History of the Chiefs' Warriors, Heroes of the World Wars, Peacekeepers and Dictators." Paper presented at the 2009 PIPSA conference.

Fraenkel, J. 2000. "The Clash of Dynasties and Rise of Demagogues: Fiji's Tauri Vakaukawwa of May 2000." *The Journal of Pacific History* 35:3.

_____. 2009. "Fiji's December 2006 Coup: Who, What, Where and Why?" In Fraenkel, J., Firth, S., and Lal, B. V., eds. *The 2006 Military Takeover in Fiji: A Coup to End All Coups?* Canberra, Australia: ANU E Press.

Fraenkel, J. and Firth, S., eds. 2007. *From Election to Coup in Fiji:* Canberra: ANU E Press.

Fraenkel, J. and Grofman, B. 2005. "Introduction: Political Culture, Representation and Electoral Systems in the Pacific Islands." *Commonwealth & Comparative Politics* 43: 3.

Fraenkel, J., Firth, S., and Lal, B. V. eds. *The 2006 Military Takeover in Fiji: A coup to End All Coups?* Canberra, Australia: ANU E Press.

Fraser, I. 2000. "Fiji's May Events: The Law That Failed." *Journal of South Pacific Law.* http://www.vanuatu.usp.ac.fj/journal_splaw/Special_Interest/Fiji_2000/Fiji_Fraser1.html.

Finer, S. E. 1971. *Comparative Government*. New York: Basic Books.

Goiran, H. 2009. "The Political Roles of the Fiji Military: A History of the Chiefs' Warriors, Heroes of the World Wars, Peacekeepers and Dictators." Paper Presented for the Pacific Islands Political Studies Association.

Ingram-Seal, L. 2000. "Republic of Fiji Military Forces." http://orbat.com/site/history/open_vol2/Fiji.pdf.

Holtz, A. 2003. *Nation-Building und die Frage nach Souveränität im Südpazifik vor dem Hintergrund der politischen Geschichte derRepublik Vanuatu.* Münster-Hamburg-London: LIT Verlag.

Horowitz, D. 1993. *A Democratic South Africa?: Constitutional Engineering inDivided Society.* Berkeley: University of California Press.

Huntington, S. P. 1957. *The Soldier and the State: The Theory and Politics of Civil-Military Relations.* Cambridge: Belknap Press of Harvard University.

Institute of Pacific Studies, University of the South Pacific, ed. 1992. *Culture and Democracy in the South Pacific.* Suva: IPS/USP.

Janowitz, M. 1964. *The Military in the Political Development of New States: An Essay in Comparative Analysis.* Chicago: University of Chicago Press.

Jowitt, A. 1997. "Free and Fair Elections: Societal Challenges to Vanuatu's Electoral System." *Kasarinlan: Philippine Journal of Third World Studies,* 13:2.

Kautsky, J. H. 1962. *Political Change in Underdeveloped Countries: Nationalism and Communism.* New York: Wiley.

Kelly, J. and Kaplan, M. 2001. *Represented Communities: Fiji and World Decolonization.* Chicago: University of Chicago Press.

Lal, B. V. 2009. "Anxiety, Uncertainty and Fear in Our Land: Fiji's Road to Military Coup, 2006." In Fraenkel, J., Firth, S., and Lal, B. V. eds. *The 2006 Military Takeover in Fiji: A coup to End All Coups?* Canberra, Australia: ANU E Press.

Lal, Brij V. 1998. *Another Way: The Politics of Constitutional Reform in Post-coup Fiji.* Canberra: Asia Pacific Press.

_____. 2006. *Islands of Turmoil, Elections and Politics in Fiji.* Canberra: ANU E Press and Asia Pacific Press.

Lawson, S. 1990. "The Myth of Cultural Homogeneity and Ins Implications for Chiefly Power and Politics in Fiji." *Comparative Studies in Society and History,* 32:4.

_____. 1996. *Tradition versus Democracy in the South Pacific, Fiji, Tonga and Western Samoa.* Cambridge: Cambridge University Press.

Lowry, R. *Fortress Fiji: Holding the Line in the Pacific War, 1939-1945.* Fyshwick, Australia: Pirion Digital.

Lijphart, A. 1999. *Patterns of Democracy: Government Forms and Performance in Thirty-Six Countries.* New Haven: Yale University Press.

Naidu, V. 2009. "Draft Report Fiji Islands Country Profile on Excluded Groups." UN ESCAP.

Mataitoga, I. 1992. "Westminster Style Democracy and Cultural Diversity: A Critique of the Fijian Experience." In Institute of Pacific Studies, University of the South Pacific, ed., *Culture and Democracy in the South Pacific.* Suva: IPS/USP.

Miles, W. F. 1994, "Francophonie in Post-Colonial Vanuatu." *Journal of Pacific History* 29:1.

Morgan, M. G. 2007. "The Origins and Effects of Party Fragmentation in Vanuatu," In Rich, R., Hambley, L., and Morgan, M., eds. *Political Parties in the Pacific Islands.* Honolulu: University of Hawaii Press.

Naidu, V. 2007. "Coups in Fiji: Seesawing Democratic Multiracialism and EthnoNnationalist Extremism." *Pacific Connection* 26.

_____. 2009. "DRAFT Report Fiji Islands Country Profile on Excluded Groups: For UN ESCAP." University of the South Pacific, Suva, Fiji.

Nohlen, D. et al.. 2001. *Elections in Asia and the Pacific: A Data Handbook Volume II: South East Asia, East Asia, and the South Pacific.* Oxford: Oxford University Press.

Norton, R. 2009. "The Changing Role of the Great Council of Chiefs." In Fraenkel, J., Firth, S., and Lal, B. V., eds. *The 2006 Military Takeover in Fiji: A Coup to End All Coups?* Canberra, Australia: ANU E Press.

Palmer, M. 2005. "Democracy in Fiji: Westminster or something else?" In Patapan, H., et al. eds. *Westminster Legacies: Democracy and Responsible Government in Asia and the Pacific.* Sydney: UNSW Press.

Parliament of Fiji. 1975. *Report of the Royal Commission Appointed for the Purpose of Considering and Making Recommendations as to the Most Appropriate Method of Electing Members to, and Representing the People of Fiji. In the House of Representatives.* Parliamentary paper no. 24, Suva: Government Printer.

Parterson, D. 2009. "Vanuatu." In Levine, S., ed. *Pacific Ways: Government and Politics in the Pacific Islands.* Wellington: Victoria University Press.

Qarase, L. 2007. "Fiji's System of Elections and Government: Where to from Here?" In Frannkel, J and Firth, S., eds. *From Election to Coup in Fiji* Canberra: ANU E Press.

Ramesh, S. 2007. "Fiji, 1987-2007: The Story of Four Coups." *Worldpress.org* (April 30).

Reilly, B. 2001. *Democracy in Divided Societies: Electoral Engineering for Conflict Management.* Cambridge: Cambridge University Press.

Robertson, R. 2007. "Elections and Nation-building: The Long Road since 1970." In Fraenkel, J. and Firth, S., eds. *From Elections to Coup in Fiji,* Canberra and Suva: ANU E Press, Asia Pacific Press and IPS Publications.

Robertson, R. and Tamanisau, A. 1998. *Fiji: Shattered Coups.* Annandale: Pluto Press.

Robertson, R. and Sutherland, W. 2001. *Government by the Gun: The Unfinished Business of Fiji's 2000 Coup.* Annandale: Pluto Press.

Rottman, G. L. 2002. *U.S. Marine Corps World War II Order of Battle: Ground and Air Units in the Pacific War, 1939-1945.* Westport, CT: Greenwood Press.

Scobell, A. 1994. "Politics, Professionalism, and Peacekeeping: An Analysis of the 1987 Military Coup in Fiji." *Comparative Politics* 26:2.

Shears, R. 1980. *The Coconut War: Crisis on Espiritu Santo.* Melbourne: Cassell.

Siwatibau, S. 2007. "Women and Minority Interests in Fiji's Alternative Electoral System." In Fraenkel, J. and Firth, S., eds. *From Elections to Coup in Fiji.* Canberra and Suva: ANU E Press, Asia Pacific Press and IPS Publications.

Sokomanu, A. G. 1992. "Government in Vanuatu: The Place of Culture and Tradition." In

Crocombe, R. et al., eds. *Culture and Democracy in the South Pacific*. Suva: Institute of Pacific Studies, University of the South Pacific.

Steinbauer, F. 1979. *Melanesian Cargo Cults: New Salvation Movement in the South Pacific*. St. Lucia: University of Queensland Press.

Tarte, S. 2008. "An Analysis of Fiji's 'Coup Culture' and Prospects for Democracy". *Comparative Democratic Studies*[비교민주주의 연구] 4:2.

The Yellow Bucket Team. 2007. "The Failure of the Moderates." In Fraenkel, J. and Firth, S., eds. *From Elections to Coup in Fiji*. Canberra and Suva: ANU E Press, Asia Pacific Press and IPS Publications.

Thompson, W. R. "Regime Vulnerability and the Military Coup." *Comparative Politics* 7:4.

Trease, H. V. 1995. "The Colonial Origin of Vanuatu Politics." In Van Trease, H., ed. *Melanesian Politics: Stael Blong Vanuatu*. Canterbury and Suva: Macmillan Centre for Pacific Studies, University of Canterbury and Institute of Pacific Studies, University of the South Pacific.

_____. 2005. "The Operation of the Single Non-Transferable Vote System in Vanuatu." *Commonwealth & Comparative Politics* 43:3.

World Bank. 2011. "Republic of Fiji Poverty Trends, Profiles and Small Area Estimation (Poverty Maps) in Republic of Fiji (2003-2009)." Report No.: 63842-FJ.

Wittersheim, E. 1998. "Melanesian Elites and Modern Politics in New Caledonia and Vanuatu." Discussion Paper, Research School of Pacific and Asian Studies, The Australian National University.

Adam Carr's Electoral Map. http://psephos.adam-carr.net/countries/f/fiji/fiji20011.txt.

Central Intelligence Agency.
    https://www.cia.gov/library/publications/the-world-factbook/geos/nh.html.

Royal Fiji Military Force. http://www.rfmf.mil.fj/

Election Office of Fiji. http://www.elections.gov.fj/index.html.

_____. http://www.elections.gov.fj/introduction/how_work.html.

Parliament of Vanuatu. http://www.parliament.gov.vu/members.html.

::찾아보기

김면회
베를린자유대학 정치학박사
한국외국어대학교 정치외교학과 교수

「독일자유민주당(FDP) 기본강령 개정에 관한 연구」(2012)
「독일 신동방정책 결정 요인과 지속성 연구」(2010)
「독일의 정당분화연구: 신자유주의와 정치지형의 변화」(2009)

김웅진
University of Cincinnati 정치학박사
한국외국어대학교 정치외교학과 교수

『인과모형의 설계: 사회과학적 접근』(2011)
『과학패권과 과학민주주의』(2009)
「남태평양 복종문화의 정치적 변용: 통아(Tonga)의 입헌군주제」(2011)

김지희
한국외국어대학교 정치학박사
비교민주주의연구센터 선임연구위원

『정치학 연구방법론: 경험과학연구의 규준과 설계』(2012)
『신뢰사회를 향하여』(2007)
「교차제도비교를 통한 정부안정성 결정인자의 경험적 탐색」(2009)

김형기
한국외국어대학교 정치학박사
통일연구원 프로젝트연구위원

『2011 Unification Clock: When Will We See a Unified Korea?』(2011)
「이벤트데이터 분석기법을 이용한 탈냉전기 북한과 주변국과의 분쟁-협력관계, 1990-2007」(2010)

안승국 ―――――――――――――――――――――――――

한국외국어대학교 정치학박사
비교민주주의연구센터 책임연구위원

「국회의원 선거제도의 변화와 정치적 효과: 선거구제와 비례대표제를 중심으로」(2010)
「아시아에 있어서 사회적 자본과 민주주의」(2007)
「대만의 민주화 과정분석: 정치행위자의 전략과 선택을 중심으로」(2001)

홍재우 ―――――――――――――――――――――――――

University of Missouri 정치학박사
인제대학교 정치외교학과 조교수

「대통령제와 연립정부: 제도적 한계의 제도적 해결」(2012)
「권력공유의 실험과 위험: 벨기에 복합연방제의 패러독스」(2010)
「새로운 주권자들과 참정권의 확장: 이주시민 참정권의 이해와 제도 설계」(2010)

의회민주주의의
남태평양적 변용
피지와 바누아투의 사례

초판인쇄 | 2012년 6월 25일
초판발행 | 2012년 6월 25일

지 은 이 | 김웅진 · 김면회 · 김지희 · 김형기 · 안승국 · 홍재우
펴 낸 이 | 채종준
펴 낸 곳 | 한국학술정보(주)
주　　소 | 경기도 파주시 문발동 파주출판문화정보산업단지 513-5
전　　화 | 031) 908-3181(대표)
팩　　스 | 031) 908-3189
홈페이지 | http://ebook.kstudy.com
E-mail | 출판사업부　publish@kstudy.com
등　　록 | 제일산-115호(2000. 6. 19)

ISBN 　978-89-268-3516-6 93340 (Paper Book)
　　　　　978-89-268-3517-3 98340 (e-Book)